_____ 님께

감사의 마음을 담아 드립니다.

무릎으로 드리는
태아를 위한 엄마의 기도

2015년 11월 30일 초판 1쇄인쇄
2019년 02월 25일 초판 2쇄인쇄

지은이 | 김경수 · 최향자
펴낸이 | 황성연
펴낸곳 | 도서출판 청우
등록번호| 제 2001-000055호
주문처 | 열린유통
주 소 | 경기도 파주시 광탄면 혜음로 883번길 39-32
전 화 | (031) 906-0011 | 팩스 (0505) 365-0011
ISBN | 978-89-94846-31-6 03230

이책은 저작권법에 의해 보호를 받는 저작물이므로
무단전재 및 복제를 금합니다.
잘못 만들어진 책은 구입하신 서점에서 바꾸어 드립니다.

책 값은 뒤표지에 있습니다.

무릎으로 드리는
태아를 위한
엄마의 기도

| 김경수 최향자 지음 |

청우

● **저자의 글**

 많은 부부들은 임신 소식을 알게 되면 태아를 위해 기도를 시작한다. 자식은 여호와의 주신 기업이요, 태의 열매이다. 성경은 '자식을 자신의 기업'이라고 말하지 않고 '여호와의 기업'(시 127:3)이라고 말한다. 사람으로 말미암은 것이 아닌 하나님께로부터 온 유산이기 때문이다.

 사람들은 태의 열매를 받는 순간 두려움과 설렘 사이를 왔다 갔다 하면서 하나님께 기도한다. 태교는 태내에서 태아의 기질과 성품이 형성되기에 태교 음악, 태교 음식, 태교 동화, 태교 일기, 태교 운동, 식이요법을 하는 것이다.

 사람들은 태교에 있어서 내적, 외적인 것에는 신경을 많이 쓰는데 영적인 부분에는 미약한 것 같다.
 이 책에서는 영적인 부분, 즉 하나님의 말씀을 가지

고 태교하는 것을 말하고 있다. 이는 기도가 최고의 힘이기 때문이다.

 이 책은 성경적 태교 중심으로 아빠, 엄마가 태아를 위하여 기도하도록 쓰여진 책이다. 먼저 엄마가 태담을 하고 엄마, 아빠(부부)가 태아를 위하여 기도하기를 바란다.

"사라가 임신하고 하나님이 말씀하신 시기가 되어
노년의 아브라함에게 아들을 낳으니"
(창 21:2)

김경수, 최향자

CONTENTS

저자의 글 4
태교기도 이렇게 하라 8
하나님 저 임신했어요 10
임신한 여자를 축복하소서 11

1장 생명은 사랑이다

1일 복덩어리가 되게 하소서 ·················· 14
2일 기쁨이 되게 하소서 ·················· 18
3일 영광스럽게 찬양을 하게 하소서 ·················· 22
4일 하나님을 잘 섬기게 하소서 ·················· 26
5일 멋있는 신앙인이 되게 하소서 ·················· 30
6일 마음의 눈을 밝히소서 ·················· 34
7일 잔이 넘치게 하소서 ·················· 38
8일 두려움을 이기게 하소서 ·················· 42
9일 염려를 맡기게 하소서 ·················· 46
10일 염려를 맡기게 하소서 ·················· 50

2장 기도는 축복이다

11일 마음에 평안을 주소서 ·················· 56
12일 자유를 얻게 하소서 ·················· 60
13일 하나님만 바라보게 하소서 ·················· 64
14일 위의 것을 생각하게 하소서 ·················· 68
15일 복과 빛을 주소서 ·················· 72

16일 거룩한 은혜를 주소서 ········· 76
17일 감사하게 하소서 ············· 82
18일 축복을 주소서 ················ 86
19일 축복의 샘터가 되게 하소서 ···· 91
20일 예배의 복을 주소서 ··········· 96

3장 감사는 기쁨이다

21일 새 노래로 찬양하게 하소서 ········· 102
22일 찬양의 위력을 주소서 ············· 106
23일 감사하면서 살게 하소서 ··········· 110
24일 감사하며 찬양하게 하소서 ········· 114
25일 범사에 감사하게 하소서 ··········· 120
26일 영원토록 찬양하게 하소서 ········· 126
27일 산을 향하여 눈을 들게 하소서 ····· 132
28일 행복한 가정의 복을 주소서 ········· 136
29일 이렇게 좋게 하소서 ················ 140
30일 찾아서 감사하게 하소서 ··········· 146
31일 호흡이 있는 자마다 여호와를
　　　 찬양하게 하소서 ················· 150

부록

1. 태교의 월령에 따른 발육상태 ············ 156
2. 임신부가 매일 읽으면 유익한 말씀 ······· 163
3. 출산 후에 자녀를 위한 기도 ·············· 189
※ 참고문헌 ································· 191

태교 기도 이렇게 하라

엄마는 아이들을 위해서라면 거의 맹목적으로 가르치고 희생한다. 이것이 한국 사회에 흐르는 전통처럼 여겨져서 점점 유아교육과 태교의 중요성이 강조되고 있다. 그러나 엄마의 정성과 사랑으로 태교를 하지만 태교 기도에 관한 책은 매우 빈약한 편이다. 평소 이 점을 안타깝게 생각하다가 『태아를 위한 엄마의 기도』를 펴내게 되었다.

엄마의 기도는 태아에 대한 사랑의 언어이다. 또한 엄마의 사랑을 전하는 따뜻한 손길이다. 그런 의미에서 이 책은 본능적인 엄마의 사랑을 태아에게 전달하기 위하여 말씀을 가지고 태아가 믿음 안에서 조성되도록 하나님께 드리는 엄마의 기도이다.

이 책의 가장 큰 목적은 엄마를 통해 하나님의 사랑이 태아에게 전달되고 태아가 하나님께서 주시는 바른 사랑으로 조성되도록 이끄는 것이다.

"주께서 내 내장을 지으시며 나의 모태에서 나를 만드셨나이다. 내가 주께 감사하오움은 나를 지으심이 심히 기묘하심이라 주께서 하시는 일이 기이함을 내 영혼이 잘 아나이다. 내가 은밀한 데서 지음을 받고 땅의 깊은 곳에서 기이하게 지음을 받은 때에 나의 형체가 주의 앞에 숨겨지지 못하였나이다. 내 형질이 이루어지기 전에 주의 눈이 보셨으며 나를 위하여 정한 날이 하루도 되기 전에 주의 책에 다 기록이 되었나이다"(시 139:13-16).

첫째, 태아를 위해서 기도하라.
엄마의 뱃속에 있는 아기에게 지혜와 총명, 좋은 성품과 성격을 주시도록 기도한다.

둘째, 임산부의 건강과 영성을 위해서 기도하라.
임산부의 영향력이 아이에게 그대로 전달된다.

셋째, 하나님의 임재를 체험하기 위해서 기도하라.
하나님의 임재가 엄마와 태아에게 영향력을 미친다.

"보라 네 문안하는 소리가 내 귀에 들릴 때에 아이가 내 복중에서 기쁨으로 뛰놀았더라. 주께서 하신 말씀이 반드시 이루어지리라고 믿은 그 여자에게 복이 있도다"(눅 1:44-45).

하나님! 저 임신했어요

사랑의 하나님!
아기에게 건강을 허락하시고 바르게 자라도록 이끌어 주옵소서.
모든 신체기관이 정상적으로 발달하고 인지, 언어, 정서가 조화롭게 발달하게 하여서 기관이 고르게 자라면서 성장하게 하여 주옵소서.
대뇌와 얼굴, 목과 어깨, 등과 팔다리가 튼튼하고 유연하게 자라게 하시고 오장육부와 신경 계통이 정상으로 자라고 세포 하나하나가 고르게 발달하도록 도와주옵소서.
아기가 성인이 되었을 때 겉모습만 보지 않게 하시고, 왕성한 혈기에 사로잡히지 않게 하시고, 몸은 거룩한 영혼을 담는 그릇임을 깨달아 육체적 본능에 사로잡히거나 자만하지 않도록 사랑의 손길로 이끌어 주옵소서.
한순간의 충동으로 죄를 짓는 일이 없도록 인내와 지혜를 주시고 먹는 것마다 호흡에 필요한 자양분이 되어 그 어떤 어려움도 극복하는 건강한 몸을 주옵소서.
아기의 모든 발육 기관을 아버지의 손으로 만져 주시기를 원합니다.
사랑이 많으신 예수님의 이름으로 기도합니다. 아멘

"천사가 하늘로부터 예수께 나타나 힘을 더하더라"
(눅 22:42).

임신한 엄마를 축복하소서

오 하나님!
임신한 엄마들을 축복하옵소서.
아빠를 축복하여 주옵소서.
그리고 가정을 축복하여 주옵소서.
범사에 복에 복을 더하여 주옵소서.
예수님의 이름으로 기도합니다.

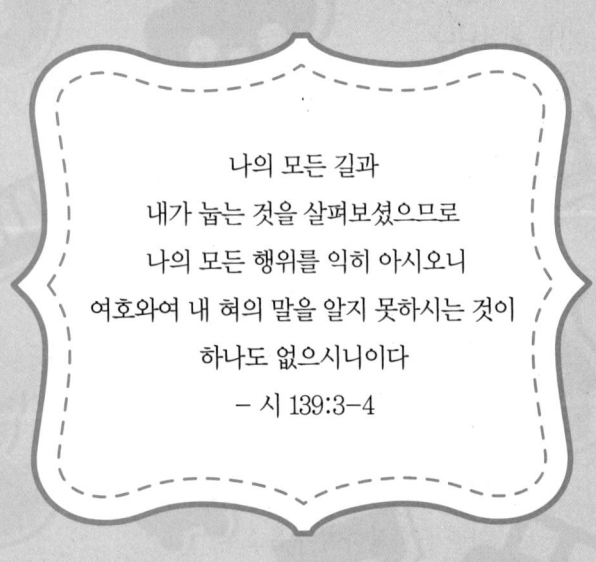

나의 모든 길과
내가 눕는 것을 살펴보셨으므로
나의 모든 행위를 익히 아시오니
여호와여 내 혀의 말을 알지 못하시는 것이
하나도 없으시니이다
- 시 139:3-4

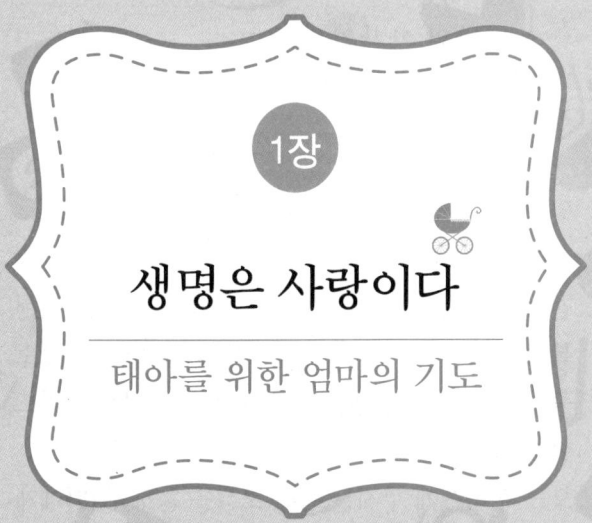

1장

생명은 사랑이다

태아를 위한 엄마의 기도

 복덩어리가 되게 하소서

이스라엘이여 너는 행복자로다. 여호와의 구원을 너같이 얻은 백성이 누구뇨 그는 너를 돕는 방패시요 너의 영광의 칼이시로다. 네 대적이 네게 복종하리니 네가 그들의 높은 곳을 밟으리로다
(신 33:29)

엄마와 아가의 대화

듣고 있니 아가야?

엄마와 함께 생명을 주신 하나님께 기도하자.
우리 아가야!
참 좋은 하루야. 엄마, 아빠도 우리 아가 때문에 행복하단다. 이 따스하고 좋은 햇볕을 쬐면서 오늘도 즐겁게 시작하자. 엄마는 우리 아가를 위해서 기도할 거야.
오늘 우리에게 주시는 복된 소식을 듣자. 엄마에게 좋은 소식을 듣고 싶지. 지금부터 엄마가 하나, 둘, 셋, 셀 때에 무슨 말을 듣고 싶은지 맞추어 보아라. 생각해 보았겠지. 그러면 이제 엄마가 말해 주마.
엄마! 나는 사랑받고 싶어요.

모든 사람들에게 사랑받고 싶어요. 아빠한테도.
나도 사랑받고 싶어요.
엄마는 안단다.
하나님! 우리 태아를 축복해 주세요.
지혜 있게 해 주세요.
얼굴도, 마음도 예쁘게 해 주세요.
좋은 성품도 주세요. 다양한 달란트도 주세요.
키도 크게 해 주세요. 이렇게 말이야.
우리 아가야! 엄마의 기도 들리지?
오늘도 엄마, 아빠는 너 때문에 행복하단다.
아빠도 너 때문에 즐거워하고 있어. 우리 가족도 너를 기다리고 있어. 오늘도 감사하면서 하루를 시작하자. 하나님께서 "범사에 감사하라 이것이 그리스도 예수 안에서 너희를 향하신 하나님의 뜻이니라"(살전 5:18)고 말씀하셨어. 이것이 엄마가 우리 아가에게 들려 주고 싶은 좋은 소식이란다.
나의 사랑스런 우리 아가야.
엄마는 너 때문에 행복해!
사랑해요, 축복해요, 감사해요.

 ## 1일 태아를 위한 태교 기도

사랑과 은혜가 풍성하신 하나님 아버지!
저희가 태아를 임신하고 주님 앞에 예배하게 하시니 감사합니다.
이 시간 우리 마음에 회개의 영을 부어 주셔서 죄악으로 더럽혀진 우리의 심령을 깨끗하게 씻어 주시고 정결한 마음이 되게 하여 주옵소서.
저희 부부는 주님이 주신 선물을 받고 감격하면서 기도하오니 우리의 심령에 풍성한 은혜를 허락하여 주옵소서.
사랑의 하나님 아버지,
저는 제 몸 안에 또 다른 생명을 잉태하고 있습니다. 저의 자궁, 그 깊은 곳에 주님 손으로 생명을 빚으셔서 사랑스러운 제 아기를 만드셨음을 감사드립니다.
'나의 아기'
이 말은 우리 부부에게 실체를 알려 주는 단어입니다. 이 단순한 두 마디에 사랑과 기쁨이 밀려옵니다. 그리고 어쩔 수 없는 두려움이 또한 저를 감쌉니다. 저에게 주신 태아는 제 살로 만들어진 몸이기에 친밀하지만, 사실 한 번도 본 적이 없어 무척 낯설기도 합니다. 이 생명이 세상으로 나오면 제 이름은 '엄마'가 되겠지요. 다가올 제 삶이 얼마나 기쁠지 저는 아직 잘 모르지만 느끼고 있습니다. 이 시간 저희에게 오셔서 태아를 축복하여 주옵소서. 태아를 위한 기도를 받으시고 끝없는 사랑과 축복으로 뱃속의 아이가 엄마의 오관을 통하여 하나님의 사랑을 전달하게 하옵소서. 또한 저희 부부가 모든 일을 할 때 감사하는 마음을 가지게 하여 주시어서 창조주 하나님께 언제나 감사하면서 찬송하는 사람으로 살게 하여 주옵소서.

간구하기는, 산모의 마음속에 더 큰 믿음과 감사하는 마음과 기쁜 마음을 주셔서 태교에 좋은 영향력이 흘러갈 수 있도록 축복하여 주옵소서. 그리하여 엄마의 신앙과 마음이 태아에게 그대로 전해져서 믿음이 있는 태아가 되게 하여 주옵소서. 오늘도 하나님의 따스한 보호하심이 엄마와 태아 가운데 넘치도록 함께 하실 줄 믿습니다. 사랑이 많으신 예수님 이름으로 감사 기도합니다. 아멘

2일 기쁨이 되게 하소서

"내가 항상 주와 함께 하니 주께서 내 오른손을 붙드셨나이다"
(시 73:23)

 엄마와 아가의 대화

듣고 있니 아가야?

엄마와 함께 생명을 주신 하나님께 기도하자.
사랑하는 나의 아가야! 참 좋은 날이야.
오늘 엄마와 아빠는 지혜서의 말씀을 가지고 기도할 거야.
지혜서가 무엇인지 잘 모르지? 성경에 있는 잠언, 전도서, 아가서를 지혜서라고 부른단다.
이 책을 왜 지혜서라고 부를까?
세상에서 제일 지혜로운 사람 솔로몬 왕이 기록했기 때문이야.
솔로몬 왕은 하나님께 기도해서 지혜를 받았대요.
잠언에 보면 이런 말씀이 있단다.
"여호와를 경외하는 것이 지식의 근본이다"(잠

1:7).
"지혜 있는 사람은 이 가르침을 듣고 학식이 더해지고 명철한 사람은 지혜를 더 얻게 된다"(잠 1:5).
그리고 또 위대한 왕을 소개할게요.
이스라엘에 다윗이라는 왕이 있었는데 얼마나 하나님을 사랑했던지 하나님께서 다윗을 "내 마음에 합한 사람"이라고 했단다.
하나님의 마음에 들도록 다윗은 멋지게 살았던 사람이야.
그러면 지혜서를 쓴 솔로몬은 누구일까?
바로 다윗 왕의 아들이야.
다윗이 하나님을 사랑하니까 솔로몬 같은 사람을 주신 것이지.
너무 멋지지 않니? 우리도 이렇게 살기 위해서 하나님을 찬양하고 기도하자.
하나님은 언제나 자신을 의지하는 자에게 복을 주시고 지혜와 총명도 주신단다.
우리도 하나님께 기도하자.
하나님! 우리 아가에게 지혜 주세요.
사랑한다. 우리 아가야.

 ## 2일 태아를 위한 태교 기도

생명의 근원이 되시는 하나님!
우리 가정에 귀한 새 생명을 주시고 기쁨을 주시니 감사합니다.
날마다 우리 부부는 마음에 근심이 없고 언제나 말씀과 기도로 선한 생각 속에서 주님과 동행하기를 원합니다.
이 시간 태중에 있는 우리 아기를 축복하시고 다윗 왕과 솔로몬 왕에게 주신 은혜를 우리에게도 주옵소서. 성령이 충만했던 세례 요한같이 태아가 태중에서 기쁨으로 뛰놀게 하옵소서.
주께서 주신 어린 생명이 선하고 건강하게 자랄 수 있게 해 주옵소서.
아이가 잘 자랄 수 있는 좋은 환경을 만들어 주시고, 솔로몬에게 주신 지혜를 주시고, 다윗에게 주신 영성을 주시며, 모세와 같은 영적 지도자가 되게 해 주옵소서. 이 혼탁한 세상에서 귀하게 쓰임 받는 일꾼이 되게 하여 주옵소서.
저희에게 아이를 주신 것은 이 땅에서 창성케 하시

고자 하시는 주님의 섭리인 줄 아오니 이 어린 생명으로 인하여 온 가정이 기뻐하게 하시고, 늘 가정에 감사가 넘쳐나게 하옵소서.

산모를 건강케 하셔서 순산의 기쁨을 누리게 하옵시고 아이도, 산모도 스트레스 받지 않고 건강하게 날마다 지켜 주옵소서. 더욱이 원하는 것은 저희 부부가 뱃속에 있는 아이를 위하여 더 많이 기도하게 하시고 감사하는 마음을 가지고 살 수 있도록 인도하여 주시고 항상 옆에서 지켜 주옵소서.

날마다 태교를 위한 마음으로 기도할 때마다 하나님의 영광과 은혜로 인도하여 주시어서 우리가 하나님의 사랑을 충분히 경험하도록 인도하여 주시고 날마다 감사하면서 주님만 바라보며 살게 하여 주옵소서. 여호와를 경외하는 것이 지혜의 근본인 것을 알게 하여 주옵소서.

태아를 위하여 드리는 기도를 받으시고 끝없는 사랑과 축복으로 뱃속의 아이가 엄마의 오관을 통하여 '하나님을 사랑합니다' 라고 고백할 수 있도록 이끌어 주옵소서. 생명의 근원이 되시는 예수님의 이름으로 기도드립니다. 아멘

 ## 영광스럽게 찬양을 하게 하소서

주께서 생명의 길로 내게 보이시리니 주의 앞에는 기쁨이 충만하고 주의 우편에는 영원한 즐거움이 있나이다"(시 16:11).

엄마와 아가의 대화

듣고 있니 아가야?

사랑하는 나의 아가야!
하늘을 쳐다봐. 얼마나 아름다운 작품이니?
구름 낀 하늘을 보아도,
맑은 하늘을 보아도 얼마나 아름답고 장엄하니?
이 하늘이 하나님께서 만드신 것이란다.
밤에는 달과 별들을, 낮에는 따뜻하고 밝은 날들을 보고 하나님의 따스한 손길과 기분 좋은 엄마의 손길을 느껴 보렴.
하나님은 우리에게 찬양할 수 있는 언어를 주셨단다. 그 찬양의 언어가 감사, 아름다움, 기쁨이란다.
우리 아가는 이 단어를 처음 듣지?
이 단어를 기억해서 언제나 하나님을 찬양하는 입

술이 되자.

"주의 손가락으로 만드신 주의 하늘과 주께서 베풀어 두신 달과 별들을 보자"(시 8:3).

"사람이 무엇이기에 주께서 그를 생각하시며
인자가 무엇이기에 주께서 그를 돌보시나이까
여호와 우리 주여 주의 이름이 온 땅에
어찌 그리 아름다운지요"

너무 좋은 찬양이지. 우리 예쁜 아가는 사랑받는 사람이야. 나는 너를 사랑해.
사랑하는 나의 아가야!
아가를 지으시고 보호하시며 축복하신 하나님을 찬양하자.

"여호와 우리 주여 주의 이름이 온 땅에 어찌 그리 아름다운지요"(시 8:9).

오늘도 엄마와 함께 하루를 기쁘게 살자.

 **3일 태아를 위한 태교 기도**

생명의 주인이신 하나님 아버지!
주님께서 저희에게 태의 문을 여시고 태의 열매를 상급으로 주시니 감사를 드립니다.
이 시간, 제가 엄마가 된다는 사실로 인하여 감격과 기쁨이 넘칩니다.
이 기쁨과 감격이 우리 부부에게 최고의 기쁨이요, 축복입니다.
저희에게 주신 믿음의 상급이 모태에서 있을 때부터 성령 충만한 아기로 자라나며, 주님과 동행하는 아이가 되게 해 주시옵소서.
또한 세포 하나하나마다 주님께서 만지시고 섬세하게 섭리하사 두뇌가 탁월한 아기로 성장하여 이 시대의 참 일꾼이 되게 하시고, 평생 주님만 바라보고 사는 아이가 되게 하여 주옵소서.
청각기관도 잘 발달하여 주님의 음성을 구별할 줄 아는 귀도 주시고, 음감에도 탁월하여 찬양으로 주님께 영광을 돌릴 수 있도록 음악의 은사도 주옵소서.

그리고 튼튼한 위장과 심장을 허락하시어 그의 평생에 위장병과 심장병으로 고통 당하는 일 없게 하옵소서.

사랑의 주님!

저는 임신에 대해 많은 기쁨도 있지만 동시에 두려움도 있습니다. 하나님께서 두려움을 없애 주시고 자신감을 주옵소서.

이제 새 생명을 통하여 하나님께 영광 올려드릴 수 있도록 보살펴 주옵소서.

또한 하나님의 말씀을 읽을 때에는 그 법도를 마음에 새겨 주셔서 하나님의 명령은 항상 의롭다는 확신을 가지고 하나님과의 관계가 미적지근하거나, 무관심하거나 얕은 관계가 되지 않게 하옵소서.

마음에 언제나 성령의 불이 타오르게 하사 하나님의 일을 하고 싶어 하는 마음을 확고히 가지게 하옵소서.

우리를 구원하신 예수님의 이름으로 기도드립니다. 아멘

4일 하나님을 잘 섬기게 하소서

"너희 안에서 행하시는 이는 하나님이시니 자기의 기쁘신 뜻을 위하여 너희로 소원을 두고 행하게 하시나니"(빌 2:13).

 엄마와 아가의 대화

듣고 있니 아가야?

사랑하는 아가야!
오늘도 참 좋은 날이구나.
하나님께서 우리 아가에게 기도할 수 있도록 인도하니 감사하지?
우리는 하나님의 것이기 때문에 늘 기도해야 한단다. 우리의 축복은 누구에게서 오느냐면 만물을 창조하신 하나님께로부터 온단다.
그래서 우리는 하나님께 이렇게 기도해야 해.
하나님!
성령 충만하게 해 주세요. 지혜를 주세요.
건강하게 해 주세요. 찬송의 힘도 주세요.
사랑하는 예쁜 아가야!

오늘은 시편을 읽으면서 하나님께서 주시는 좋은 소식을 들었지.
지금부터 엄마가 들려주는 시편을 들으면, 시편이 너무 아름다운 시라는 것을 알거야.

"내가 여호와를 항상 내 앞에 모심이여 그가 내 우편에 계시므로 내가 요동치 아니하리로다. 이러므로 내 마음이 기쁘고 내 영광도 즐거워하며 내 육체도 안전히 거하리니"(시 16:8-9).

"주께서 생명의 길을 내게 보이시리니 주의 앞에는 충만한 기쁨이 있고 주의 오른쪽에는 영원한 즐거움이 있나이다"(시 16:11) 아멘.

하나님 말씀은 이렇게 축복이란다. 우리가 하나님의 말씀을 지키면 복을 주시고, 그 말씀대로 되게 해 주신단다. 이것이 엄마가 우리 아가에게 들려주고 싶은 좋은 소식이야.
꼭 기억해. 나의 사랑스런 우리 아가야.
엄마는 너 때문에 행복해!

 ## 4일 태아를 위한 태교 기도

사랑의 주님!
귀한 생명을 잉태케 하시니 감사드립니다.
신비로운 하나님의 섭리에 따라 이 세상에 보냄을 받은 귀한 생명을 잘 태교하여 하나님께서 기뻐하시는 자녀로 태어나도록 도와주옵소서.
하나님께서 저희 가정에 주신 아이를 감사와 사랑으로 기를 수 있도록 마음에 평안을 주시고, 복된 자녀가 되게 하여 주옵소서.
혹시나 어려운 순간이 있을 때에도 "내가 너를 떠나지 아니하며 버리지 아니하리니 마음을 강하게 하라 담대히 하라 네가 어디로 가든지 네 하나님 여호와께서 너와 함께 하리라 하시니라"는 말씀을 붙들고 믿음으로 승리하는 엄마와 태아가 되게 하시옵소서.
이 아이가 자라날 때에 늘 곁에서 기도로 양육할 수 있도록 엄마에게 기도의 영을 부어 주시고, 하나님께서 계획하신 그 목적을 이룰 수 있도록 지혜와 깨달음의 복도 내려 주옵소서.

사랑의 주님!
이 아기에게 건강을 주셔서 무럭무럭 자라게 하시고, 지혜와 함께 예수님을 닮은 성품을 부모로부터 물려받게 하시고, 하나님께서 기대하신 인물로 자라기에 부족함이 없도록 축복하여 주옵소서.
무엇보다 아이가 성부, 성자, 성령 하나님을 잘 알게 하시어서 하나님을 경외하는 자녀가 되게 하여 주옵소서.
태아를 위하여 드리는 기도를 받으시고 끝없는 사랑과 축복 속에서 태아가 엄마의 오관을 통하여 "하나님의 섭리를 알게 하시고 전능하심을 알게 하여 주옵소서.
하나님 아버지!
날마다 태교를 위해 기도할 때마다 하나님의 영광과 은혜로 인도하여 주시어 우리가 하나님의 사랑을 충분히 경험하도록 이끌어 주시고 날마다 감사하면서 살게 하여 주옵소서.
사랑이 많으신 예수님의 이름으로 기도합니다. 아멘

5일 멋있는 신앙인이 되게 하소서

"나의 반석이시요 나의 구속자이신 여호와여 내 입의 말과 마음의 묵상이 주의 앞에 열납되기를 원하나이다"(시 19:14).

엄마와 아가의 대화

듣고 있니 아가야?

사랑하는 우리 아가야!
엄마, 아빠는 우리 아가를 사랑한단다.
이 시간 믿음의 세계로 가볼까?
엄마는 우리 아가에게 항상 긍정적인 이야기를 하고 싶단다. 한번 들어보렴.
영국의 심리학자 가운데 하드필드라는 박사가 있었단다.
아가도 들어 보면 고개를 끄덕일 거야.
엄마는 이 말을 듣고 너무 좋아했었단다.
사람이 말을 할 때 "너는 틀렸어. 이젠 끝났어!"라고 말하면 자기 능력을 30%도 발휘하지 못한대.
반대로 "넌 할 수 있어! 넌 특별한 사람이야! 저 사람은 하는데 왜 네가 못해!"라고 말하면 무려 자기 능력을 500%까지 발휘할 수 있다고 해.
그래서 엄마, 아빠는 우리 아가에게 이런 말을 하고 싶단다.
"우리 아가는 할 수 있어! 넌 특별해!
너는 하나님의 축복을 받는 사람이야…."
하나님은 우리 아가에게 이렇게 말씀하신단다.

"하나님의 도는 완전하고 여호와의 말씀은 순수하니 그는 자기에게 피하는 모든 자의 방패시로다. 여호와 외에 누가 하나님이며 우리 하나님 외에 누가 반석이뇨. 이 하나님이 힘으로 내게 띠 띠우시며 내 길을 완전케 하시며 나의 발로 암사슴 발 같게 하시며 나를 나의 높은 곳에 세우시며"(시 18:30-33).

좋은 말씀이지. 우리 아가에게 주시는 하나님의 말씀이야. 나는 우리 아가가 엄마 뱃속에 있다는 것이 행복하단다.
사랑한다. 우리 아가야!

 **5일** 태아를 위한 태교 기도

우리의 생명을 주장하시는 아버지 하나님!
우리 부부에게 이렇게 귀한 생명을 허락해 주시니 감사드립니다.
이 땅의 모든 생명은 주님께로부터 왔고, 주님의 것임을 고백합니다. 태아에게 새 생명을 주셨으니 건강하게 엄마의 뱃속에서 자라게 하옵소서.
무엇보다도 저희에게 믿음을 주셔서 태중에 있는 태아를 말씀으로 양육하게 하시고, 늘 기도와 찬양을 통해 태아가 뱃속에서부터 주님을 만나고 찬양할 수 있도록 도와주옵소서. 또한 저희 마음에 늘 기쁘고 감사한 마음을 허락해 주셔서 뱃속에 있는 태아도 기쁘고 감사한 마음을 가질 수 있도록 인도하여 주옵소서.
저희 부부가 이제 부모가 되었사오니, 태중에서부터 아이가 하나님의 뜻대로 양육될 수 있도록 저희 부부에게 지혜를 더하여 주옵소서. 혹시라도 엄마의 마음에 근심이 없도록 하여 주시고 평안 속에서 아이의 태교를 할 수 있도록 주님께서 도와주옵소서. 가정에서의 태교가 잘 이루어질 수 있도록 가정에 좋은 환경을 허락해 주시고, 저희가 그것을 위해 최선을 다할 수 있도록 인도해 주옵소서.
항상 하나님께서 주신 소중한 아이와 엄마를 먼저 생각할 수 있도록 마음을 주장하여 주시고, 탁월하게 돕는 손길이 될 수 있도록 은혜를 허락해 주옵소서. 특별히 아이가 자라는 엄마의 태내 환경을 위해 기도하오니 엄마가 건강하게 하시고, 올바른 자세와 생활 습관들을 몸에 체득할 수 있도록 도와주옵소서.
엄마에게 열 달의 시간은 긴 기간이지만, 하나님께서 돌보아 주시어서 건강도, 마음도, 생각도, 지켜 주옵소서.
우리 부부에게 태중의 아이와 함께 주님께 찬양하고 기도하는 가정을 허락하여 주옵소서. 또한 저희 부부와 아이가 모두 하나가 되어서 하나님의 영광을 위하여 쓰임 받는 가정이 될 수 있도록 믿음을 더하여 주옵소서. 모든 일에 주님께서 함께하실 줄 믿습니다. 능력이 많으신 예수님의 이름으로 기도 드립니다. 아멘

6일 마음의 눈을 밝히소서

"여호와는 나의 힘과 나의 방패시니 내 마음이 저를 의지하여 도움을 얻었도다. 그러므로 내 마음이 크게 기뻐하며 내 노래로 저를 찬송하리로다"(시 28:7).

엄마와 아가의 대화

듣고 있니 아가야?

나의 사랑하는 아가야!
오늘은 엄마와 함께 재미있는 하나님의 말씀을 들어 보자.
옛날에 다윗이라는 이스라엘의 왕이 있었단다.
다윗 왕은 작은 농촌에서 태어나서 양을 치는 목동이었단다. 양을 치면서 다윗은 물맷돌로 짐승을 잡는 방법도 배우고, 악기도 배워서 하나님을 찬양했단다. 그런데 어느 날 다윗에게 기쁜 소식이 찾아왔어.
하나님께서 사무엘 선지자를 통해서 다윗의 집에서 왕을 선택하시고 뽑으셨단다. 그때 형들이 될 줄 알았는데 하나님은 막내인 다윗에게 기름을 부으라고 했단다. 다윗의 머리에 기름을 부을 때에 성령님께서 은혜를 주시어서 그때부터 하는 일마다 잘 되었단다.

우리도 하나님께서 머리에 기름을 부어 주시면 귀하게 쓰임 받는 사람이 될 수 있단다.

그래서 다윗은 이것을 알고 "여호와의 율법은 완전하여 영혼을 소성케 하고 여호와의 증거는 확실하여 우둔한 자로 지혜롭게 하며 여호와의 교훈은 정직하여 마음을 기쁘게 하고 여호와의 계명은 순결하여 눈을 밝게 하도다. 여호와를 경외하는 도는 정결하여 영원까지 이르고 여호와의 규례는 확실하여 다 의로우니 금 곧 많은 정금보다 더 사모할 것이며 꿀과 송이 꿀보다 더 달도다"(시 17:7-9)이렇게 말했단다.

너무 좋은 말씀이지.

우리 아가도 다윗 왕처럼 되어서 지혜 있는 사람이 꼭 되자꾸나. 우리 아가는 꼭 그렇게 될 수 있을 거야. 엄마는 그렇게 믿고 있단다.

나의 사랑하는 아가야! 엄마가 너를 사랑한다.

우리 아가도 느끼고 있지?

6일 태아를 위한 태교 기도

생명을 창조하시고 주관하시는 하나님 아버지!
자식은 여호와의 주신 기업이요 태의 열매는 그의 상급이라고 말씀하신 것처럼 오늘 우리 가정에 귀한 말씀을 주시니 감사를 드립니다.
하나님의 말씀은 영혼을 소성시키며, 우둔한 자를 지혜롭게 하며 여호와의 교훈은 정직하여 마음을 기쁘게 하고 여호와의 계명은 순결하여 눈을 밝게 하신다고 하셨사오니 엄마 뱃속의 태아에게 밝은 눈빛을 주시어서 세상을 긍정적으로 볼 수 있게 하시고, 깨끗하고 아름다운 양심을 가진 육체와 마음을 주시어서 자기 자신을 잘 다스리는 은혜를 내려 주옵소서.
빛 되신 사랑의 주님!
아가의 눈이 언제나 하늘을 바라볼 수 있는 사랑의 눈이 되어서 지금 엄마의 뱃속에서 아주 조그마한 생명이지만 얼마 후에 세상에 태어나서 자라는 동안 언제나 주님만을 바라보며 살게 하여 주옵소서.
태중의 아이가 복의 근원이 되게 하시고, 성령님을

의지하는 삶을 살아드리는 거룩하고 복된 아이가 되게 하시어서 예수님같이 하나님과 사람 앞에 사랑받으며 거룩한 나실 인으로 신앙의 계보를 잘 이어가게 하여 주옵소서.

주님께서 가정에 귀한 선물을 주시었으니 선물을 받은 저희를 또한 지켜 주시사 기쁘고 평안한 마음을 허락하여 주시고, 믿음을 기지고 아이를 위해 기도하는 부모가 될 수 있도록 인도하여 주옵소서.

주님께서 육체의 강건함을 더하여 주셔서 감기나 어지러움이 없도록 지켜 주시고, 외부에서 만날 수 있는 여러 가지 위험으로부터 보호하여 주옵소서.

육체의 어려움보다 잉태의 기쁨이 크게 하시고, 긍정적인 마음과 감사하는 마음으로 생활할 수 있도록 인도하여 주옵소서.

우리 부부에게 소망의 기쁨이 있게 하시고, 태중의 아이와 함께 주님께 찬양하고, 기도하는 가정이 될 수 있게 하여 주옵소서. 또한 하나님의 영광을 위하여 쓰임 받는 가정이 될 수 있도록 믿음을 더하여 주옵소서. 우리에게 광명한 빛을 주시는 예수님의 이름으로 기도드립니다. 아멘

7일 잔이 넘치게 하소서

"네 자녀에게 부지런히 가르치며 집에 앉았을 때에든지 길에 행할 때에든지 누웠을 때에든지 일어날 때에든지 이 말씀을 강론할 것이며"(신 6:7).

엄마와 아가의 대화

듣고 있니 아가야?

사랑하는 우리 아가야!
오늘 우리는 사람들이 제일 좋아하는 시편 23편을 읽어 보려고 한단다. 시편 23편은 읽으면 읽을수록 좋은 시란다. 엄마가 읽어 볼 테니까 잘 들어봐.
"여호와는 나의 목자시니 내가 부족함이 없으리로다. 그가 나를 푸른 초장에 누이시며 쉴 만한 물가로 인도하시는도다. 내 영혼을 소생시키시고 자기 이름을 위하여 의의 길로 인도하시는도다"(시편 23:1-3).
시편은 힘들 때 읽으면 위로가 되고, 좋을 때 읽으면 신이 나고, 낙심할 때 읽으면 용기를 얻고, 잠 잘 때 읽으면 마음이 편안해지는 시란다.

너무 멋있는 시지.
사랑하는 아가야,
우리 주변에는 어려운 이웃들이 참 많단다. 누군가 어려운 일이 있을 때, 또는 낙심하고 있을 때 다윗과 같이 긍정적인 말을 해 줄 수 있어야 한단다.
긍정적인 말 한마디는 상대방의 마음을 완전히 바꾸어 놓을 수가 있거든. 세상에서 힘들어 하는 사람에게 긍정적인 후원은 좋은 것이기 때문이야.
누구든지 좋은 마음을 가지고 있으면 사람들을 재미나게 만들기 때문이야.
사랑하는 예쁜 아가야!
이 시간 우리가 필요한 것들을 하나님께 구하자.
그리고 이렇게 찬양하자.
"주는 나를 기르시는 목자요 / 나는 주님의 귀한 어린양 / 푸른 풀밭 맑은 시냇물가로 나를 늘 인도하여 주시네 / 주는 나의 좋은 목자 나는 그의 어린양 / 철을 따라 꼴을 먹여 주시니 내게 부족함 전혀 없어라"
찬송하면 하나님은 우리에게 부족함이 없게 하신단다. 좋으신 하나님이지.

 ## 태아를 위한 태교 기도

생명의 근원이신 하나님 아버지!
여호와는 나의 목자시니 내게 부족함이 없으리로다. 이렇게 찬양하게 하시니 감사합니다.
이 시간 엄마와 아기가 함께 기도합니다.
우리 아기가 언제나 자신의 능력과 처지를 바로 알게 하시고 올바른 사람이 되어서 자기 안에 부족한 부분들이 신앙에서 자기 역할을 잘 감당할 수 있도록 강권하여 붙잡아 주시옵소서.
저희 부부가 아가를 위한 태교의 기도를 매일 할 때마다 아가에게 필요한 기도를 하게 하시고 아가는 이 기도를 통해서 지혜와 명철이 충만하게 하여 주옵소서.
아기가 드린 기도로 인하여, 아버지와 어머니의 법을 떠나지 아니하고 그 말을 항상 마음에 새기면서 자라게 하여 주옵소서.
간절히 바라기는 이 시간 하나님께서 우리 아기에게 어리석음이 없게 하시고, 게으르지도 않게 하시고, 지혜가 있도록 축복하여 주옵소서.

사랑의 주님,
태아를 위해서 기도합니다.
세상의 어떤 것보다 하나님을 마음에 품고 하나님만을 믿고 신뢰하며 동행하는 삶을 살게 하여 주옵소서. 무엇보다도 세상을 닮지 말고 예수님의 성품을 닮아가도록 인도하여 주옵소서.
또한 임신 초기에 임신인 줄 모르고 건강에 안 좋은 약이나 음식을 먹을 수도 있었는데 그렇지 않게 지켜 주시고 산모도 건강하게 하심을 감사합니다.
앞으로 열 달 동안 항상 건강한 산모가 되도록 지켜 주옵소서.
태교하는 동안 말씀 묵상과 하나님과의 친밀한 교제와 대화를 나누게 하시고 우리 아기에게도 하나님의 말씀을 잘 먹일 수 있는 엄마와 아빠가 되게 하옵소서.
생명의 근원 되시는 예수님의 이름으로 기도드립니다. 아멘

 **두려움을 이기게 하소서**

"남자와 여자를 창조하셨고 그들이 창조되던 날에 하나님이 그들에게 복을 주시고 그들의 이름을 사람이라 일컬으셨더라"(창 5:2).

 엄마와 아가의 대화

듣고 있니 아가야?

사랑스러운 아가야!
오늘은 담대한 믿음을 달라고 기도하자.
사람은 어떤 낯선 일을 만나면 두려워한단다.
엄마도 갑자기 어떤 일을 만나면 두렵고 무서워.
다윗 왕도 그랬단다.
그런데 다윗왕은 이때 "여호와는 나의 빛이요 나의 구원이시니 내가 누구를 두려워하리요 여호와는 내 생명의 능력이시니 내가 누구를 무서워하리요"(시 27:1) 이렇게 외치면서 두려움을 이겼단다.
이렇게 다윗은 언제나 하나님께 맡기고 기도했단다.
"너희는 내 얼굴을 찾으라 하실 때에 내 마음이 주

께 말하되 여호와여 내가 주의 얼굴을 찾으리이다", "여호와여 주의 길로 나를 가르치시고 내 원수를 인하여 평탄한 길로 인도하소서".
결국 다윗은 두려움을 이길 수가 있었단다. 하나님이 함께하기 때문에 아무것도 무섭지 않았던 거야. 정말 믿음이 좋은 사람이지.
이 세상은 무서운 것들이 참 많단다. 그래서 우리는 하나님께 날마다 기도해야 된단다.
그러면 어떻게 기도를 해야 할까?
하나님!
우리 사랑스러운 아가가 무서움을 이길 수 있는 믿음을 주세요.
담대함을 주세요.
이렇게 기도하고 싶단다.
하나님은 나의 구원자이시기 때문에 어떤 일을 만나도 승리할 수가 있단다.
와우! 너무 신난다.
아가야, 엄마가 너를 사랑한다.
우리 아가야!

 태아를 위한 태교 기도

모든 생명의 주인 되시는 전능하신 하나님 아버지! 저희들에게 은혜 주심을 감사드립니다.
주님의 축복과 사랑하심으로 우리 가정에 기한 생명을 잉태케 하여 주셨사오니 그 귀한 생명을 건강으로 지켜 주옵소서.
생명을 잉태한 부모에게 복을 주셔서 그 생명을 키워 가는 데 부족함 없게 채워 주시고, 주님의 말씀을 늘 사모하여 선한 뜻을 품음으로 좋은 성품을 가진 아이가 탄생되게 하여 주옵소서.
저희 태아를 지켜 주옵소서.
저희 부부의 마음의 욕심이지만 저희 아이의 얼굴도 하늘처럼 밝고 바다처럼 매력 있게 하시고 재능도 많이 주시어서 하나님의 주신 최고의 성품과 지혜를 가지고 태어날 수 있도록 하여 주옵소서.
하나님께서 모든 만상을 창조하였사오니 저희 아이도 아름답게 창조하여 주시고 모습도, 인품도, 성격도, 재능도 부족함 없이 살 수 있도록 인도하여 주옵소서.

이 시간 하나님께서 찾아오시어서 산모가 어느 한 쪽으로 균형을 잃어버리지 않게 하여 주시고 아기와 함께 균형을 이루며 마음의 평정을 찾아서 조화롭게 하여 주시고, 날마다 하나님을 의지하면서 그 사랑을 많이 느끼는 신앙의 신비를 체험케 하여주옵소서.

'무릇 지킬 만한 것보다 마음을 지키라'고 하였사오니 사랑하는 우리 아기가 이 땅에 태어나서 마음을 지키고 아주 평범한 사실 앞에서도 하나님의 신비스러운 창조의 놀라움을 찾을 수 있는 사람이 되도록 인도하여 주옵소서.

오늘도 엄마와 태아에게 건강을 주시어서 하나님께 기쁨이 되는 하루가 되게 하여 주옵소서.

우리 부모들로 하여금 하나님께서 맡겨 주시는 아이를 예수 그리스도의 빛과 사랑으로 충실히 양육하게 하여 주옵소서. 우리 가정의 모든 형편과 사정을 아시오니 온전히 주관하여 주시고 넘치는 복을 내려 주시옵소서.

사랑이 많으신 예수님의 이름으로 기도드립니다. 아멘

9일 염려를 맡기게 하소서

"너는 범사에 그를 인정하라 그리하면 네 길을 지도하시리라" (잠 3:6).

엄마와 아가의 대화

듣고 있니 아가야?

사랑스러운 아가야!
엄마랑 건강한 아기가 되게 해 달라고 기도하자.
사랑의 하나님! 우리 아가에게 능력을 주세요.
지혜와 총명을 주세요. 더욱더 예수님을 닮게 해 주세요. 바르게 살아가는 법을 가르쳐 주세요.
친절하게 대하는 법을 가르쳐 주세요. 너그럽게 용서하는 법을 가르쳐 주세요.
예수님을 따라 살게 해 주세요.
엄마는 우리 아기가 지혜로운 사람이 되었으면 좋겠단다.
우리 아가야!
엄마와 함께 전능하신 하나님께 우리의 몸과 마음

을 지켜 달라고 기도하자. 어떻게 지켜 달라고 기도할까? 한번 맞춰 볼래?

엄마가 우리 아가에게 생각할 시간을 잠깐 주마. 생각해 봐. 생각해 봤니…?

엄마는 사랑스러운 아기가 하나님과 사람들을 좋게 하는 사려 깊은 말을 했으면 좋겠다.

지금부터 엄마가 말할 때 이런 단어를 잘 기억했다가 우리 아가는 사려 깊은 말을 했으면 좋겠단다.

고마움을 표현하는 말, 인정해 주는 말, 반가운 인사, 칭찬, 축하, 가르치고 교훈하는 말, 누군가를 응원하는 말, 묻고 관심을 가지는 말, 관계를 개선하는 말, 남을 즐겁고 행복하게 하는 말, 믿음의 확신에 찬 말, 좋은 말, 좋은 소식을 전달하는 말, 상냥한 말….

이런 말을 우리 예쁜 아가가 평생 동안 했으면 좋겠단다. 그래서 하나님께서 가르쳐 주시는 말씀으로 지혜가 네 마음속에 들어가고, 지식이 네 영혼을 즐겁게 하고 분별력이 우리 아가를 지켜 주고, 명철이 너를 보살펴 주는 말을 하기를 바란단다.

사랑한다. 우리 아가야.

 ## 태아를 위한 태교 기도

전능하시고 자비로우신 하나님 아버지!
저희들에게 생명을 베푸시고 은혜 주심을 감사드립니다.
주님께서 사랑하는 우리 가정에 귀한 생명을 주시오니 태아가 엄마의 신앙을 본받아 온전한 믿음의 사람이 되게 하여 주옵소서.
이 시간 태아를 위해서 기도하오니 엄마의 태중에 있는 태아가 저희들이 원하는 자녀가 아니라 주님께서 원하시는 자녀로 자라도록 이끌어 주옵소서.
저희 태아가 엄마의 뱃속에서부터 이 세상 빛을 볼 때까지 하나님 보시기에 아름다운 아이로 태어나게 하여 주시고 엄마의 뱃속에서 주님의 은혜를 입어서 이 땅에 나올 때 엄마에게 순산의 은혜도 주시옵소서.
생명의 주인 되신 하나님 아버지!
임신의 기간 동안 항상 지켜 주시옵소서. 엄마인 저에게서 임신에 관한 모든 불안을 제거하여 주옵소서. 건강하고 튼튼한 아이, 무엇보다도 하나님의 사랑을 충만히 받고 자라는 아이가 되게 하시옵소서. 모든 위험과 유해한 환경으로부터 지켜 주시며 가장 최적의 상황에서 아이가 지낼 수 있도록 도와주옵소서.
심리적 변화와 신체적인 변화에도 잘 적응하게 하시며 임신 기간에 대한 불안한 마음도 주님께 맡기게 하옵소서.
무엇보다도 엄마가 되는 기쁨을 누리며 지내는 특별한 시간이 되게 하옵소서.
아기를 태에서부터 성경의 말씀과 기도로 키우는 현숙한 자가 되게 하옵소서. 늘 아이를 위해 기도하게 하옵소서.
말씀으로 태아를 먹이게 하시고 건강한 생각과 정서로 아이와 공유할 수 있도록 인도하여 주옵소서. 임신한 기간 동안 엄마로 잘 준비되는 시간이 되도록 축복해 주시옵소서.
하나님 아버지!
우리 가정의 모든 사정과 형편을 주님께서 아시오니 넘치는 축복을 내려 주시옵소서. 사랑이 많으신 예수 그리스도의 이름으로 기도드립니다. 아멘

 ## 새 노래로 찬송하게 하소서

"여호와를 경외함이 곧 지혜의 근본이라 그 계명을 지키는 자는 다 좋은 지각이 있나니 여호와를 찬송함이 영원히 있으리로다"(시 111:10).

엄마와 아가의 대화

듣고 있니 아가야?

예쁜 아가야!
엄마 목소리가 들리지? 오늘은 하나님의 뜻을 따르는 생활을 할 수 있도록 기도하자.
예쁜 우리 아가야.
사람이 잘되려면 하나님을 잘 섬기고, 부모님께 효도하고 사회에 나가서 인정받는 사람이 되어야 한단다.
옛날 이스라엘에 다윗이라는 왕이 있었단다.
이 왕은 골리앗 장군을 전쟁에서 이기고 난 다음부터 유명하게 되었단다. 그런데 다윗 왕은 찬송을 잘했단다. 악기도 잘 다루어서 찬송을 잘했단다.
"너희 의인들아 여호와를 즐거워하라 찬송은 정직

한 자의 마땅히 할 바로다. 수금으로 여호와께 감사하고 열 줄 비파로 찬송할지어다. 새 노래로 그를 노래하며 즐거운 소리로 공교히 연주할지어다"(시 33:1-2).

다윗은 하나님을 찬양할 때 악기를 동원해서 찬송을 한 거야. 참 멋있는 사람이지.

독일에 신학자인 폴 틸리히리는 믿음 좋은 사람이 있었단다. 이 사람은 공부도 많이 하고 책도 많이 썼단다. 그가 어느 날 여행 갔을 때 신문기자들이 물었대. 선생님의 신학 사상을 한마디로 무엇이라고 말할 수가 있습니까? 그때 폴 틸리히는 이렇게 말했단다.

찬송가를 한 곡 부르면서 "예수 사랑하심은 거룩하신 말일세 / 우리들은 약하나 예수 권세 많도다."
나의 신학사상은 "하나님이 나를 사랑하심입니다."라고 말했단다. 이 사람은 하나님을 이 만큼 사랑한 거야. 우리 아가도 엄마가 부탁하건대 예수님을 사랑하는 아이가 되었으면 좋겠단다.

엄마는 우리 사랑스러운 아가가 이런 사람이 되었으면 좋겠어.

10일 태아를 위한 태교 기도

살아계신 하나님 아버지, 감사를 드립니다.
오늘 읽은 묵상을 통해서 하나님의 뜻이 이루어지게 하시고, 듣는 저희들은 하나님의 말씀에 온전히 귀 기울이는 시간을 주심을 감사드립니다.
이 시간 엄마에게 은혜를 주시어서 건강도 주시고, 마음의 평안도 주시고, 경제적으로 어렵지 않도록 물질도 허락하여 주옵소서.
라헬을 통하여 요셉을 생산케 하신 것처럼, 저희 가정에 주신 믿음의 선물이 요셉처럼 하나님의 형통한 복을 받는 자녀가 될 수 있도록 축복하여 주옵소서. 우리 부부가 한 마음 한 뜻으로 믿음 안에서 말씀과 기도로 태교를 하오니 항상 축복하시고 지혜와 사랑으로 충만케하여 주옵소서. 또한 저희 부부가 그리스도의 마음을 품어 복중에 있는 태아가 예수님의 사랑을 알게 하시고, 엄마에게 평안을 주시어서 태아가 엄마의 뱃속에서 강건한 모습으로 조성되게 하여 주옵소서.
하나님 아버지께서 주시는 믿음으로 태아가 순결하

게 구별되도록 지켜 주옵소서. 그러기 위해 엄마의 생각도 거룩하게 하시고, 태아가 태교를 통해서 하나님의 형상을 닮도록 인도하여 주옵소서.

하나님 아버지!

우리 아이에게 하나님 말씀으로 지혜와 분별력을 주시고 보호와 즐거움과 만족과 행복을 주옵소서. 하나님의 말씀에 "여호와를 경외하는 것이 지혜의 근본이요 거룩하신 자를 아는 것이 명철이니라"(잠 9:10)고 했사오니 하나님을 향한 건전한 두려움과 하나님을 아는 지식을 토대로 하여 이 아이에게 지혜와 분별력이 확립되게 하여 주옵소서.

엄마가 우리 태아를 위해 정기 검진 받을 때도 지켜 주시고, 임신 기간 동안 좋은 생각, 좋은 자세를 가지고 날마다 아버지께 기도하면서 나아가게 하여 주옵소서. 주님께서 저희 가정에 위탁하신 새 생명을 잘 양육할 수 있도록 지혜와 총명을 주시고, 또한 좋은 환경을 주시어서 물질도 부족하지 않도록 공급하여 주옵소서. 악하고 불의한 영들이 틈타지 못하도록 우리 가정을 성령 하나님께서 지켜 주옵소서. 예수님의 이름으로 기도드립니다. 아멘

천사가 대답하여 이르되
나는 하나님 앞에 서 있는 가브리엘이라
이 좋은 소식을 전하여
네게 말하라고 보내심을 받았노라.
천사가 이르되 마리아여 무서워하지 말라
네가 하나님께 은혜를 입었느니라
- 눅 1:19, 30

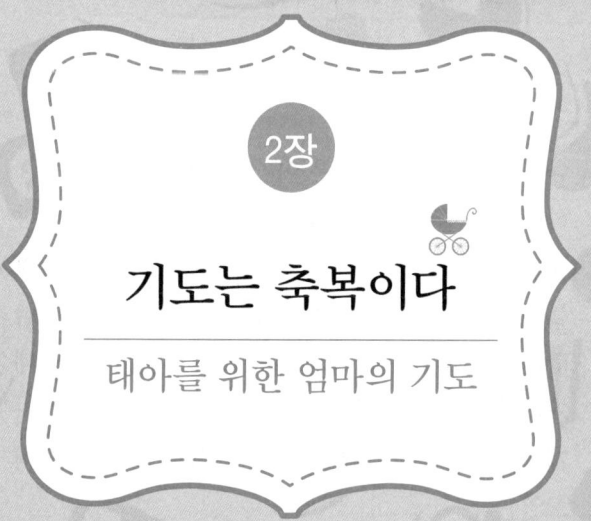

2장

기도는 축복이다

태아를 위한 엄마의 기도

11일 마음에 평안을 주소서

"주의 인자가 생명보다 나으므로 내 입술이 주를 찬양할 것이라"
(시 63:3)

엄마와 아가의 대화

듣고 있니 아가야?

나의 예쁘고 사랑스러운 아가야!
하나님은 찬송하는 사람들을 좋아하신단다. 신약성경에 바울과 실라라는 사람이 나온단다. 이 사람들은 예수님을 사랑해서 복음을 전하기 위해서 다녔지. 그러다가 잡혀서 감옥에 들어가게 되었는데 거기서도 찬송을 했단다. 찬송을 얼마나 크고 힘차게 했던지 감옥에 갇힌 다른 사람들이 모두 들을 정도였단다.
"한밤중에 바울과 실라가 기도하고 하나님을 찬송하매 죄수들이 듣더라 이에 갑자기 큰 지진이 나서 옥터가 움직이고 문이 곧 다 열리며 모든 사람의 매인 것이 다 벗어진지라"(행 16:25-26).

어려운 환경 속에서도 바울과 실라가 찬송을 하니까 하나님께서 듣고 지진을 통해 옥문이 열려 풀려나게 하셨대. 놀랍지! 하나님은 이처럼 찬송을 하면 새 힘을 주시고 문제를 해결해 주신단다. 이 시간 우리 아가와 함께 찬양하자.

"내 진정 사모하는 친구가 되시는 구주 예수님은 아름다워라 / 산 밑에 백합화요 빛나는 새벽별 주님 형언할 길 아주 없도다 / 내 맘이 아플 적에 큰 위로되시며 나 외로울 때 좋은 친구라 / 주는 저 산 밑에 백합 빛나는 새벽별 이 땅 위에 비길 것이 없도다"

정말 좋은 찬송이지? 우리 아가도 엄마가 부탁하건대 예수님을 찬양하는 아이가 되었으면 좋겠단다.

하나님은 이렇게 말씀하셨어요.

나 지혜는 명철로 주소를 삼으며, 지식과 분별력을 가지고 있다(잠 8:12).

나를 얻는 사람은 생명을 얻고, 주께로부터 은총을 받을 것이다(잠 8:35).

사랑스러운 우리 아가야! 하나님께 지혜를 달라고 구하자. 예쁜 우리 아가야! 사랑한다.

 **11일** 태아를 위한 태교 기도

사랑이 많으신 하나님!
이 시간 전능하신 주님을 찬양합니다.
이 땅의 많은 사람들이 있지만 저희 부부를 사랑하시고 보호해 주시고 축복해 주심을 감사 드립니다.
저희 부부에게 태의 기업을 허락하시어서 새 생명이 저의 몸 안에서 조성되어 하나님의 영광을 드러내도록 인도하여 주시니 감사드립니다.
이 시간 구하오니 태아를 붙들어 주시고 그 연약한 생명을 감싸 주시고, 축복하여 주옵소서. 하나님께서 축복해 주시지 않으면 누가 축복해 주겠습니까?
사랑하는 주님!
우리 태아가 아브라함처럼 약속의 말씀을 따라 사는 믿음의 자녀가 되게 하옵소서. 이삭처럼 번제물이 된다 할지라도 기꺼이 아버지의 말씀을 따랐던 순종의 자녀가 되게 하여 주옵소서. 야곱처럼 도망자가 된다 할지라도 하나님의 축복을 최고의 가치로 여기는 은혜의 자녀가 되게 하여 주옵소서.
사무엘처럼 세상과 닫힌 공간에 산다 할지라도 언

제나 하나님의 음성 듣기를 사모하며 그 음성에 응답하기를 기뻐하는 경건의 자녀가 되게 하옵소서. 다윗처럼 높은 권세를 가졌다 할지라도 언제나 성전을 사랑하고 소년처럼 그 안에 거하기를 원하는 순수한 자녀가 되게 하여 주시옵소서. 다니엘처럼 사자 굴에 들어간다 할지라도 하나님의 섭리를 끝까지 신뢰하며 믿음을 굽히지 않는 용기의 자녀가 되게 하여 주옵소서.

이런 믿음이 필요하오니 하나님의 은혜로 축복하여 주옵소서. 저희 태아에게 하나님의 축복이 필요하오니, 지혜와 사랑, 총명을 주시고 음악적인 재능도 주시고 좋은 음성도 주옵소서.

오늘 드려지는 예배를 축복해 주시어서 저희들이 새 힘을 얻고, 찬양을 통하여 감사를 회복하며, 기도를 통하여 하나님의 음성을 듣는 귀한 시간이 되게 하여 주옵소서.

사랑이 많으신 예수님의 이름으로 기도드립니다. 아멘

12일 자유를 얻게 하소서

"이는 너희가 흠이 없고 순전하여 어그러지고 거스르는 세대 가운데서 하나님의 흠 없는 자녀로 세상에서 그들 가운데 빛들로 나타내며"(빌 2:15)

엄마와 아가의 대화

듣고 있니 아가야?

사랑하는 우리 아가야.
이 따스하고 기분 좋은 햇살을 맛보면서 엄마와 함께 상상의 나라로 떠나볼까?
옛날에 에녹이라는 사람이 있었단다. 그런데 이 사람은 하나님과 마음이 맞아서 300년 동안이나 하나님과 함께 동행했단다. 동행이 쉬운 것은 아니거든. 함께 생각하고, 함께 지내는 것은 마음과 생각, 뜻이 일치해야 할 수 있어. 그래서 누구나 쉽게 못 하는 것이거든. 그런데 그가 므두셀라를 낳기 전에는 하나님과 동행하였다는 말이 없고, 므두셀라를 낳은 후 삼백 년을 하나님과 동행하였단다. 에녹은 그 아들 므두셀라를 통해서 하나님의 음성을 듣고 그날부터 동행했던 거야.
무려 300년이야. 일 년이 365일이니까 300년이면 엄청난 시간이란다. 에녹은 이렇게 하나님을 기쁘시게 하는 사람이었대.
"므두셀라를 낳은 후 삼백 년을 하나님과 동행하며 자녀들을 낳았으며"(창 5:22).
우리도 하나님께 이렇게 동행의 은혜를 구하면 할 수가 있단다. 엄마는 우리 아기가 하나님과 동행하는 사람이 되었으면 좋겠단다.
하나님께서 이렇게 말씀하셨어요.
"지혜로운 자와 동행하면 지혜를 얻고 미련한 자와 사귀면 해를 받느니라"(잠 13:20).
"나 지혜로 말미암아 네가 오래 살 것이요, 네 수명도 길어질 것이다"(잠 9:11).
이 세상에 하나님께서 주신 지혜를 받아서 말씀과 동행하는 아가가 되기를 바란다.
사랑하는 우리 아가야! 엄마는 너를 바라볼 때마다 기쁘단다. 우리 아가도 에녹처럼 하나님과 동행하면서 사는 사람이 됐으면 좋겠어. 예쁜 아가야!
오늘 하나님과 동행하는 하루가 되자.

 **12일** 태아를 위한 태교 기도

사랑과 은혜가 많으신 아버지 하나님!
오늘 이 시간 저희들을 주님의 전으로 불러 주시고, 하나님께 경배와 찬양을 드리게 해 주심을 감사드립니다.
하나님께서 만세 전에 우리를 택하여 주시고 영원한 생명을 주시며 하나님의 자녀로 삼아 주시고 또한 저희들에게 선물 주심을 감사드립니다.
사랑이 많으신 하나님 아버지!
저는 제 뱃속의 아기를 한시도 잊을 수 없습니다.
저도 한시도 잊을 수 없는데 하나님께서는 영원히 저희를 잊지 않으시고 머리털까지 세시고 간섭하시며 하나님의 사랑으로 넘치게 하실 줄을 믿습니다.
저희 아이에게 지혜와 분별력을 주시고, 즐거움과 만족과 행복을 갖게 하옵소서. "여호와를 경외하는 것이 지혜의 근본이요 거룩하신 자를 아는 것이 명철이라"(잠 9:10)고 했사오니 하나님을 향한 건전한 두려움과 하나님을 아는 지식을 토대로 이 아이에게 지혜와 분별력을 더하여 주옵소서. 특별히 엄마의 소리를 들을 수 있는 시기가 되었습니다. 제 아이가 저의 심장의 박동 수를 느끼게 하시니 감사합니다.

하나님 아버지!

우리 아이의 손가락과 발가락의 모양이 뚜렷해지게 하시고 손과 발에 손톱과 발톱이 잘 자라게 하옵소서. 잠도 잘 자고 잘 깨게 하옵소서.

저희 아이가 좋은 습관을 소유해서 언제나 어려운 이웃과 연약한 사람들을 돌보게 하시며 모든 사람들에게 평화를 주고, 어리석은 자들의 마음을 녹이며 사랑으로 그들을 축복하는 마음의 소유자가 되게 하여 주옵소서.

주님께서는 우리 가정을 잊지 않고 계심을 저는 압니다. 아담을 창조하시듯 우리 태아도 하나님의 형상대로 만들어 주옵소서.

이 시간 저 또한 엄마로서 제 아기의 모습을 그려봅니다. 그려지는 아이의 모습이 주님의 형상이 되게 하옵소서.

사랑이 많으신 예수님의 이름으로 기도드립니다. 아멘

13일 하나님만 바라보게 하소서

"그리스도의 말씀이 너희 속에 풍성히 거하여 모든 지혜로 피차 가르치며 권면하고 시와 찬미와 신령한 노래를 부르며 마음에 감사함으로 하나님을 찬양하고"(골 3:16)

 엄마와 아가의 대화

듣고 있니 아가야?

사랑하는 우리 아가야!
엄마와 함께 우리 이렇게 기도하자
하나님!
제가 가는 곳이 어디든 하나님이 함께하여 주세요.
하나님!
제가 가는 곳이 어디든 예수님이 함께하여 주세요.
하나님!
제가 가는 곳이 어디든 성령님이 함께하여 주세요.
하나님의 손길이 부드러운 바람처럼 다가와 저를 착하고, 지혜롭게 만드시고 제 믿음이 자라게 해주세요.
하나님의 숨결이 반짝이는 황금처럼 다가와 날마다

제가 즐겁게 살아가게 해 주세요.
저를 강하고 용감하게 만들어 주세요.
기도하니까 마음이 편한 것을 느끼지.
사랑하는 아가야.
사랑하는 하나님!
저에게 은혜를 내려 주세요.
저에게 좋은 언어를 주세요.
칭찬하는 언어를 주세요.
격려하는 언어를 주세요.
감사하는 언어를 주세요.
희망을 주는 언어를 주세요.
기쁨을 주는 언어를 주세요.
이런 언어를 가지고 이렇게 말하는 아가가 되었으면 좋겠단다.
'나는 할 수 있어요.'
'최선을 다해보겠어요.'
엄마, 아빠는 우리 아가가 이런 말을 하는 사람이면 좋겠단다. 우리 아가는 하나님의 축복을 받는 사람이니까 할 수 있어요! 이것이 긍정의 힘이란다. 알았지요? 하나님은 우리 아기를 사랑해.

13일 태아를 위한 태교 기도

전능하시고 자비로우신 하나님 아버지!
베풀어 주신 은혜에 감사를 드립니다.
오늘도 성령님의 은혜로 저희들을 불러 주시고 인도하여 주셔서 존귀와 영광과 찬송을 드리게 하시니 감사합니다.
이 시간 저희 태아가 자라면서 날마다 주님 말씀에 귀 기울여 예수 그리스도의 살아계심을 체험하게 하여 주옵소서.
비록 연약하지만 엄마가 읽어 주는 말씀에 귀를 기울이고 하나님의 깊은 뜻을 깨달아 성경 말씀을 소중하게 여기게 하여 주옵소서.
저희 가족이 하나님의 말씀을 따라 살아가도록 필요한 은혜를 주시옵소서.
저희 부부가 먼저 소중한 성경을 읽고 간직하게 하시고 저희 태아가 주님 말씀을 올바로 듣고 실천하도록 은혜를 내려 주옵소서.
우리 아기가 언제나 자신의 능력과 처지를 바로 알게 하시고 올바른 사람이 되어서 자기 안에 부족한 부분들이 신앙에서 자기 역할을 잘 감당할 수 있도록 강권하여 붙잡아 주옵소서.
아기가 드린 기도로 인하여 아버지와 어머니의 법을 떠나지 아니하고 그 말을 항상 마음에 새기면서 자라게 하여 주옵소서.
무엇보다도 저희 부부에게 성령의 충만한 역사를 허락하시어서 열방을 향한 빛으로 쓰임 받게 하여 주옵소서.
저희들이 세상에서 하나님께 영광을 돌리는 가정이 되게 하시고, 본이 되게 하여 주옵소서.
저희 부부가 아가를 위한 태교의 기도를 매일 할 때마다 아가에게 필요한 기도를 하게 하시고 아가는 이 기도를 통해서 지혜와 명철이 충만하게 하여 주옵소서.
간절히 바라기는 이 시간 하나님께서 우리 아기에게 어리석음이 없게 하시고, 지혜가 있도록 축복하여 주옵소서.
우리 주 예수 그리스도의 이름으로 기도드립니다.
아멘.

14일 위의 것을 생각하게 하소서

"사랑하는 자들아 우리가 서로 사랑하자 사랑은 하나님께 속한 것이니 사랑하는 자마다 하나님께로 나서 하나님을 알고"(요일 4:7)

엄마와 아가의 대화

듣고 있니 아가야?

사랑스러운 아가야!
오늘은 예수님이 들려 주신 이야기를 해 줄게.
어떤 양치기가 양 백 마리를 돌보고 있었어요. 어느 날 보니까 양이 아흔아홉 마리뿐인 거야. 양치기는 양 아흔아홉 마리를 목장에 두고 잃어버린 한 마리 양을 찾아 나섰지. 산 너머 돌짝밭을 따라 걸어갔어. 따가운 가시밭길도 지났어. 한참 만에 양치기는 무슨 소리를 들었단다. 음매~음매~.
이 소리를 듣고 양치기는 잃어버린 양을 찾아서 데리고 돌아왔어. 그리고 친구들을 불러서 "잃어버린 양을 찾았어! 우리 잔치를 벌이자!"라고 했대.
"또 찾아낸즉 즐거워 어깨에 메고 집에 와서 그 벗

과 이웃을 불러 모으고 말하되 나와 함께 즐기자 나의 잃은 양을 찾아내었노라 하리라"(눅 15:5-6).
하나님은 이 양치기와 같은 분이야. 길 잃어버린 사람들을 찾아서 오면 모든 천사들이 기뻐서 노래를 할 거야. 하나님은 사랑의 목자시란다.
"나는 선한 목자라"(요 10:14).
선한 목자는 우리에게 필요한 것을 주시고 편히 쉬게 하며 안전하게 보호해 주신단다.
양은 앞을 멀리 보지 못하고, 눈앞의 것만 보기에 맹수가 와서 해치려고 해도 방어할 능력이 없어서 잡혀 먹는단다. 양에게는 목자가 꼭 필요한 거야. 우리 사람이 어리석어서 넘어질 때 목자이신 예수님께서 보살펴 주어야 살 수가 있어. 그런데 하나님은 항상 우리 곁에서 지켜 주시기 때문에 우리는 걱정할 필요가 없단다. 무슨 이야기인지 알았지? 그러니 목자이신 예수님을 따라가는 믿음의 사람이 되자.
사랑스러운 우리 아가야!
하나님 우리를 끝까지 지켜 주세요.
이렇게 말하자.

 ## 태아를 위한 태교 기도

소망과 위로의 아버지 하나님!
사랑하는 태아를 위해서 기도합니다.
사랑하는 태아가 무엇을 하든지 하나님을 바라보며 긍정적이고 소망적인 믿음을 갖게 하여 주옵소서.
어떤 경우에도 소망을 저버리지 않고 주님 안에 초점을 두게 하시고, 항상 웃으면서 인생을 매일 도전하게 하시고 실패를 한다 할지라도 계속 일어서는 믿음을 주옵소서.
또한 비관적이거나 부정적인 생각을 갖지 않게 하시고, 1% 가능성만 있다 할지라도 그 가능성을 바라보면서 담대하게 앞으로 나아가는 믿음을 허락하여 주옵소서.
구하기는 사랑하는 태아가 일생을 살아가는 동안 좋은 스승을 만나게 하여 주옵소서.
태아가 이 세상에 나왔을 때, 정말 하나님을 아는 지식으로 가득한 아이로 살아갈 수 있기를 소원합니다.
아이가 이 세상에 태어나 살아갈 때에 자신의 지혜

와 지식이 과연 누구로부터 온 것인가를 분명히 깨닫고 사는 아이가 되게 하여 주옵소서.
하나님의 형상을 닮아 생각하고 절제하는 능력이 잘 발달되게 하여 주옵소서.
우리 부부를 위해서 기도합니다.
자녀에게 가장 존경받는 부모가 되게 하시고, 자녀에게 가장 편안한 상담사가 되게 하여 주옵소서. 또한 자녀에게 가장 친근한 벗은 부모이게 하시고, 가장 친절한 안내자, 가장 따뜻한 위로자, 가장 안전한 보호자가 우리 부부가 될 수 있도록 도와주옵소서. 그리하여 든든한 후원자가 되게 하시고, 자녀에게 가장 훌륭한 경건자로 세워지게 하여 주옵소서.
내가 거룩하니 너희도 거룩하라고 말씀하신 것처럼 우리 부모가 말이나 행동이나 모든 것들이 경건하여 날마다 새롭게 태어나게 하시고 주님의 형상을 아름답게 드러내게 하여 주옵소서.
예수님의 이름으로 기도합니다. 아멘

15일 복과 빛을 주소서

"주의 말씀은 내 발에 등이요 내 길에 빛이니이다"(시 119:105)

엄마와 아가의 대화

듣고 있니 아가야?

사랑하는 아가야!
두 손 잡고 하나님의 말씀을 배우자.
어느 날 엄마들이 자기 아이들을 데리고 예수님께 다가왔어요. "예수님! 아이들에게 기도해 주세요."
그때 제자들은 오지 말라고 했단다. 그런데 예수님은 이렇게 말씀하시는 거야.
"어린 아이들이 나에게 오는 것을 막지 마세요. 하나님의 나라는 이런 어린이들의 것입니다."
이처럼 예수님은 아이들의 친구가 되어 주신단다.
우리는 예수님에게 가서 축복 기도를 받아야 한단다. 사람들이 예수님에게 나아오는 것은 3가지 이유야.
첫째는 축복 기도를 받기 위해서이고,

둘째는 강건해지기 위해서고,
셋째는 성령 충만하기 위해서야.
누구든지 예수님이 만져 주시면 믿음이 좋아지고, 병이 고침 받고, 문제가 해결되는 거야. 예수님이 만져 주시면 변화가 일어나는 것이거든.
이 시간, 우리 아기의 손도 예수님이 만져 주시고 잡아 주시고 꼭 껴안아 주세요. 기도하자.
예수님은 우리를 사랑하신다.
하나님이 세상을 사랑해서 외아들 예수님을 주시고, 누구든지 예수님을 믿는 사람은 죽지 않고 영원히 살게 하신대(요 3:16).
예수님은 우리의 구원의 주님이시고 치료하는 분이시란다. 알겠지?
예수님의 손길은 축복의 손길이고, 치료의 손길이고, 능력의 손길이란다. 이 손길이 우리 아가에게도 꼭 필요해. 엄마는 너를 바라볼 때마다 하나님께서 축복해 주실 것을 믿는단다.
우리 아가도 하나님을 사랑하지?
예수님, 우리 아가를 가슴에 안으시고 축복해 주세요. 아멘

 **15일** 태아를 위한 태교 기도

지금도 살아 계셔서 우리의 생사화복을 주장하시는 하나님!
어두운 세상에 빛으로 오신 하나님의 사랑을 찬양하며 감사드립니다. 이 시간 저희들이 주님의 이름을 높이며 경배하기를 원합니다.
우리의 기도를 받아 주시고 영광을 받아 주옵소서.
사랑의 하나님!
태아가 엄마 안에서 균형 잡혀 성장하게 하시고 몸도 마음도 튼튼하게 만들어지게 하옵소서. 그래서 아기의 두 손과 팔이 튼튼하게 자라 어디서나 착한 일을 하도록 이끌어 주시고, 두 손이 근면하고 정직한 노동을 통하여 남모르게 봉사하며 기도하는 아름다운 손이 되게 하여 주옵소서.
오늘 이 시간에도 우리의 연약함을 도우시는 성령님께서 저희들에게 강하고 담대한 믿음을 주시어서 이 땅에서 승리하게 하여 주옵소서.
사랑의 하나님!
간절히 간구하기는 태아가 하나님의 크신 뜻을 모

두 헤아리지는 못하지만 일평생 주님만 신뢰하며 살게 하여 주옵소서. 그래서 우리 아기가 자라면서 점점 주님의 형상을 닮아가 더 큰 하나님의 사랑을 알게 하여 주시고 하나님의 형상을 덧입도록 은혜를 베풀어 주옵소서.

이 시간 태아를 위해서 기도하오니 엄마의 태중에 있는 태아가 저희들이 원하는 자녀가 아니라 주님께서 원하시는 자녀로 자라도록 이끌어 주옵소서.

저희 태아가 엄마의 뱃속에서부터, 그리고 이 세상 빛을 볼 때까지 주님과 사람들 앞에 부끄러움 없이 하나님의 형상이 온전히 이루어지게 하여 주시어서 하나님 보시기에 아름다운 아이로 태어나게 하여주시고, 하나님의 말씀을 사랑하는 자 되게 하시고, 그 말씀에 귀를 기울여서 교훈과 책망과 바르게 함과 의로 교육하기 합당한 하나님의 말씀을 사모하는 자 되게 하여 주옵소서.

우리가 주님을 사랑하오니 엄마의 뱃속에 있는 태아에게 성령의 감동함을 주시고 말씀을 사랑하는 자가 되도록 인도하여 주옵소서.

예수님의 이름으로 기도드립니다. 아멘

16일 거룩한 은혜를 주소서

"주는 나의 하나님이시니 나를 가르쳐 주의 뜻을 행케 하소서 주의 신이 선하시니 나를 공평한 땅에 인도하소서"(시 143:10)

엄마와 아가의 대화

듣고 있니 아가야?

사랑스러운 아가야!
이 시간 하나님께 귀한 달란트를 달라고 기도하자.
신약성경에 달란트 비유가 나온단다.
어느 날 주인이 여행을 떠나면서 종들을 불렀단다.
"내가 다른 나라에 여행을 갔다 올 것이니까 이것으로 재능을 발휘해 보아라."
그러면서 세 명의 종들 중 한 종에게는 한 달란트를 주었고, 두 번째 종에게는 두 달란트를 주었고, 또 한 종에게는 다섯 달란트를 주었단다.
그리고 주인은 먼 나라로 여행을 떠났지.
종들은 이 달란트를 가지고 무엇을 했을까 궁금하지 않니?

두 달란트 받은 종은 열심히 장사를 했고, 다섯 달란트를 받은 종도 나가서 열심히 장사를 했단다. 그런데 한 달란트 받은 종은 이상하게도 장사도 무엇도 아무것도 하지 않고 주인이 무섭다고 땅을 파고 달란트를 묻어 두었단다.

시간이 지났어.

그리고 주인이 여행에서 돌아와 종들을 불렀지.

그러면서 각자 맡겨 둔 달란트를 어떻게 했는지 물어 보면서 계산을 했단다.

그랬더니 다섯 달란트를 받은 종은 장사를 해서 다섯 달란트를 남겨서 돌아왔어.

주인은 착하고 충성스러운 종이라고 칭찬하면서 함께 기뻐했어.

"그 주인이 이르되 잘하였도다 착하고 충성된 종아 네가 적은 일에 충성하였으매 내가 많은 것을 네게 맡기리니 네 주인의 즐거움에 참여할지어다"(마 25:21).

두 달란트를 받은 종도 열심히 장사를 해서 두 달란트를 남겨 왔단다.

주인은 또 착하고 충성스러운 종이라고 칭찬해 주

면서 함께 기뻐했어.

그런데 한 달란트 받은 종은 땅을 파고 묻어 두었다가 가지고 와서 남긴 것이 하나도 없었단다.

그러자 주인은 화를 내면서 "심지 않고 거둘 수 없다."고 했어.

그러면서 가지고 있던 한 달란트마저 다섯 달란트 받은 종에게 주었단다. 그 종은 종살이도 못하고 쫓겨났지. 다섯 달란트를 받은 종은 전부 열한 달란트를 받아서 기뻐했단다.

하나님께서는 이처럼 누구에게나 달란트, 즉 재능을 주셨단다.

이 재능을 우리가 땅에 묻어두면 좋은 열매를 맺을 수가 없겠지. 그래서 우리는 날마다 하나님께 지혜를 구해야 한단다.

나에게 맞는 달란트를 가지고 활용해서 귀하게 쓰임 받기 위해서 말이야.

우리 아가도 이렇게 하나님의 말씀을 가지고 재능을 개발하는 사람이 되었으면 좋겠다.

엄마, 아빠는 우리 아가가 하나님의 말씀을 잘 지켜서 예수님의 사랑받는 자녀가 되기를 기도한다.

16일 태아를 위한 태교 기도

늘 승리를 우리에게 주시는 하나님 아버지!
지금도 우리를 붙잡고 계시기에 감사드립니다.
오늘도 저희 부부가 주님 앞에 많은 기도 제목을 가지고 나왔습니다.
하나님께서 이 시간 간섭하셔서 육과 영을 강건하게 하여 주시옵소서.
지금 임신 중에 있사오니, 건강하게 지켜 주시고, 피곤함도 없게 하시고, 허리도 아프지 않게 하여 주옵소서.
또한 이 자리에 임재하셔서 하나님을 예배하는 데 부족함이 없도록 신령과 진정으로 주장하여 주시어서 성령이 충만하게 하여 주옵소서.
임신으로 인한 감정 변화와 신체적인 변화(간헐적인 두통, 허리와 가슴 부위의 옷이 끼인 듯한 느낌, 미열로 몸이 나른하고 졸리는 증상, 배뇨 횟수가 잦아지는 현상, 매스꺼움, 침이 이상하게 많이 분비되는 것, 가슴 쓰림, 소화불량, 헛배 부름, 배가 살짝 부풀어 오름)에 민감하지 않게 하시고, 몸과 마음을 편안하게 지켜 주옵소서.

원하기는 태아의 성장 발달을 지켜 주시고 모든 것이 순조롭게 진행될 수 있도록 축복하여 주시기를 원합니다.

눈꺼풀 생성, 코, 입술, 턱, 뺨의 근육 발달이 원활하게 이루어지게 하시며, 팔에서 손목, 손가락이 자라게 하시고, 다리에서 허벅지, 무릎, 종아리, 발, 팔꿈치 등의 분화가 정확하게 이루어지게 하여 주옵소서.

특별히 유산이 되지 않게 하시고 영, 육, 마음이 안정을 취할 수 있도록 가정적인 환경을 만들어 주시옵소서.

임신 중에 이루어지는 모든 검사(초음파, 체중과 혈압, 소변 중 당이나 단백질 함유 여부, 임신성 당뇨, 임신중독증 확인, 혈액 검사, 융모 막 검사 등)의 결과가 문제없이 이루어지게 하여 주시고, 하나도 해당됨이 없게 하여 주시기를 간절히 원하옵나이다.

또한 임신의 개월 수가 많아질수록 두렵습니다. 몸이 무거워집니다.

이때 저에게 건강과 안전을 주시고 아기에 대한 건강의 불안감을 잠재워 주옵소서.
"두려워하지 말라 내가 너와 함께 함이라 놀라지 말라. 나는 네 하나님이 됨이라 내가 너를 굳세게 하리라 참으로 너를 도와주리라. 참으로 나의 의로운 오른손으로 너를 붙들리라. 이는 나 여호와 너의 하나님이 네 오른손을 붙들고 네게 이르기를 두려워하지 말라 내가 너를 도우리라 할 것임이니라" (사 41:10, 13).
하나님께서 말씀하신 이 말씀을 믿습니다.
제 안에 두려움을 없게 하여 주시고 주님의 보살핌으로 두려움을 이기고 승리하게 하여 주시옵소서.
우리가 미처 구하지 못한 것까지도 이루어 주실 줄 믿으며 살아계신 예수님의 이름으로 기도합니다. 아멘

17일 감사하게 하소서

"하나님이 그들에게 복을 주어 가라사대 생육하고 번성하여 여러 바다 물에 충만하라 새들도 땅에 번성하라 하시니라"(창 1:22)

엄마와 아가의 대화

듣고 있니 아가야?

사랑하는 아가야!
두 손 모으고 착한 입과 마음과 고운 말씨를 달라고 기도하자. 하나님은 기도하는 아가에게 믿음을 주실 거야.
오늘은 미국의 대통령 가운데 아브라함 링컨에 대해서 공부하려고 해. 링컨의 어머니는 낸시 행크스였어. 그리고 아버지는 자기 이름도 못 쓰는 무식한 사람이었대. 그러나 어머니 낸시 행크스는 글을 읽을 줄 알았고, 신앙심이 두터운 독실(篤實)한 신자였단다. 어머니는 링컨이 어릴 때 성경 말씀을 읽어 주고 기도도 가르쳐 주었단다.
감수성이 가장 예민한 어린 시절에 링컨의 마음은

하나님을 향하게 되었단다. 그런데 아홉 살 때 어머니가 돌아가셨어. 얼마나 슬프겠니.
어머니는 돌아가시면서 링컨에게 마지막 유언을 했단다.
"사랑하는 내 아들아, 너는 늘 성경을 읽고 말씀대로 살아가는 사람이 되어 다오. 하나님을 사랑하고 이웃을 사랑해야 한단다. 이것이 나의 마지막 부탁이다."
링컨은 어머니의 말대로 살아가려고 애썼단다.
아브라함 링컨이 대통령 되어서 취임식을 할 때 낡아 빠진 조그만 성경책을 들고 나와 "어머니가 주신 이 성경책으로 말미암아 오늘의 내가 되었다."고 말했단다.
어머니가 주신 성경책을 읽고 대통령이 되어서 하나님을 기쁘시게 하는 사람이 된 거야. 그러면서 그는 이런 이야기를 했단다. "가장 중요한 건 꿈을 버리지 않는 것"이라고. 하나님 말씀은 이처럼 우리의 마음을 새롭게 하는 힘이 있단다.
사랑스러운 예쁜 아가야, 오늘도 하나님을 기쁘시게 하며 살자.

 17일   태아를 위한 태교 기도

모든 생명의 근원이신 하나님!
아직 태어나지 않은 제 아기의 존재감이 몸으로, 마음으로 제 심장을 누릅니다.
제 몸은 점점 커지고 제 심장을 향해 서서히 치받는 압박감을 느낍니다.
또한 제 심장을 누르는 제 아기를 향한 사랑도 점점 커지고 있습니다.
어제보다 오늘 더 사랑하게 하시고, 내일은 오늘보다 더 사랑하게 하옵소서.
모든 생명의 근원이신 하나님!
아기를 향한 사랑이 이렇게 날마다 자라나게 하시고, 하나님께서 저희를 사랑한 것처럼 태아를 제가 그렇게 사랑할 수 있도록 은혜를 내려 주옵소서.
저희들은 하나님의 손길을 덧입지 않고서는 살 수 없는 연약한 존재임을 고백합니다.
그러나 약할 때 강함을 주시어서 더욱더 주님의 말씀을 붙들게 하시고, 믿음으로 우리를 붙들어 주시어서 말씀과 기도로 승리하게 하여 주옵소서.

빛 되신 주님!
저희 아이의 눈이 언제나 하늘을 바라볼 수 있는 신앙의 눈과 사랑의 눈이 되어서 티 없이 깨끗한 마음을 가지게 하시고 언제나 주님만을 바라보며 살게 하여 주옵소서.
이 시간 간구합니다.
저희 아기가 예수님처럼 튼튼하게 해 주시고 샤론에 핀 백합화처럼 향기로운 자녀가 되게 하여 주옵소서. 또한 저희 부부가 서로 아름답고 고상한 말을 해서, 태중의 아이에게 부모의 아름다운 마음과 말씨가 전달되게 하시고, 서로를 배려하는 믿음을 주시며, 저희 말을 엄마의 뱃속에 있는 아이가 듣고 있다는 것을 깨달아 늘 조심하도록 도와주옵소서. 저희는 하나님을 신뢰합니다. 말씀을 신뢰합니다. 성령 하나님. 우리 태아가 하나님의 크신 뜻을 모두 헤아리지는 못하지만 오직 하나님만 신뢰하게 하여서 일평생 동안 주님만 신뢰하며 살게 하여 주옵소서.
날마다 저희들을 돌보시는 예수님의 이름으로 기도합니다. 아멘

18일 축복을 주소서

"주는 나의 하나님이시니 나를 가르쳐 주의 뜻을 행케 하소서 주의 신이 선하시니 나를 공평한 땅에 인도하소서"(시 143:10)

엄마와 아가의 대화

듣고 있니 아가야?

사랑스러운 우리 아가야!
무엇이든지 하나님께 맡기는 귀한 신앙을 달라고 기도하자.
구약 성경에 삼손이라는 사사가 나온단다.
삼손은 하나님께서 힘을 주셔서 블레셋 사람들을 물리쳤단다.
어느 날, 삼손이 길을 가는데 들릴라라고 하는 예쁜 여자가 그를 유혹하자 그녀에게 빠져서 넘어지고 나서 하나님께서 주신 사명을 잊어버렸단다.
왜 삼손이 그 사명을 잊어버렸냐면 들릴라가 아주 예뻐서 마음을 빼앗겨 버렸기 때문이지.
삼손이 들릴라에 빠져서, 하나님께서 구별해서 세

우신 나실 인이 지켜야 할 사명을 잊어버리고 유혹에 넘어지고 만 거지.
하나님은 나실 인이 지켜야 할 사명을 세 가지를 주셨단다.
하나는 머리에 삭도를 대지 않는 것인데 이것은 머리를 깍지 않는 것을 말해.
둘째는 시체를 멀리히는 것이고,
셋째는 포도주를 먹지 않는 것이란다.
그런데 삼손은 포도주를 마시고 시체를 가까이하면서 하나님께서 주신 나실 인이 지켜야 할 법을 잊어버린 거야.
사랑하는 아가야!
우리가 하나님의 말씀을 지키지 못하면 누구든지 유혹에 넘어지게 된단다.
"너의 행사를 여호와께 맡기라 그리하면 너의 경영하는 것이 이루리라"(잠 16:3).
우리 아가도 이렇게 하나님의 말씀을 잘 지키는 사람이 되었으면 좋겠다.

바울 선생님은 이렇게 말했단다.
형제자매 여러분,
무엇이든지 참된 것과,
무엇이든지 경건한 것과,
무엇이든지 옳은 것과,
무엇이든지 순결한 것과,
무엇이든지 사랑스러운 것과,
무엇이든지 명예로운 것과
또 덕이 되고 칭찬할 만한 것을,
이 모든 것을 여러분은 골똘히 생각하십시오.
(빌 4:8)
우리 아가는 하나님께 신뢰받는 사람이 되어야 한단다.
엄마, 아빠는 우리 아가가 하나님의 말씀을 잘 지켜서 예수님의 사랑을 받는 자녀가 되기를 기도한단다.
우리 아가, 사랑해요.

 ## 18일 태아를 위한 태교 기도

전능하시고 자비로우신 하나님 아버지!
오늘도 성령님의 은혜로 당신의 자녀들을 불러 주시고 인도하셔서 존귀와 영광과 찬송을 드리게 하시니 감사합니다. 제 몸은 점점 둔해지고 있습니다. 새로운 생명의 무게가 제 발걸음에서 민첩함을 가져가고 제 걸음걸이에서 우아함을 느낍니다. 하루하루 제 태아는 좁은 세상의 벽, 자궁을 밀어내고, 무한한 생명의 여정을 준비하고 있습니다. 제 움직임이 둔해질수록 제 아기의 움직임은 더욱 활발해집니다. 저는 이 무거움을 감내하고 제 안에서 똑똑 두드리고 발로 차기까지 하는 생명을 느낍니다. 저는 두 팔로 배를, 제 아기를 감싸 안으며 미소 짓습니다. 성령님께서 친히 이 시간 저에게 은혜를 부어 주시어 태아를 위해서 예배를 드릴 때에 하나님을 만나고 증인으로서의 제 삶을 드리며 살아가는 데 부족함 없도록 축복하여 주옵소서.
"아무것도 염려하지 말고 오직 모든 일에 기도와 간구로 너희 구할 것을 감사함으로 하나님께 아뢰라 그리하면 모든 지각에 뛰어난 하나님의 평강이 그리스도 예수 안에서 너희 마음과 생각을 지키시리라(빌 4:6-7)"는 말씀을 붙들고 나아가겠습니다. 염려하지 말고 기도와 간구로 구할 수 있도록 도와주옵소서.

엄마인 저를 위해 기도합니다. 항상 좋은 생각과 기쁜 생각만을 하게 하셔서 몸은 힘들지만 태어날 아기를 생각하면서 희망과 소망의 마음이 넘쳐나게 하여 주옵소서.

아기의 심장 박동을 들으면서 아기와 더욱 하나 되는 엄마가 되게 하시고 하나님의 사랑으로 아기를 축복하는 엄마가 되게 도와주옵소서.

"너희는 마음에 근심하지 말라 하나님을 믿으니 또 나를 믿으라" 친히 말씀하셨사오니 참으로 하나님을 믿고 주 예수 그리스도를 나의 생명의 주로 믿어 참 자유함을 얻게 하여 하나님께서 주신 생명을 소중하게 여기고 주님의 뜻을 따라서 살게 하옵소서.

우리의 기도를 들어 응답하여 주시고 하나님의 은혜를 풍성하게 내려 주옵소서.

예수님의 이름으로 기도드립니다. 아멘

 축복의 샘터가 되게 하소서

"여호와 우리 하나님이여 우리를 구원하사 열방 중에서 모으시고 우리로 주의 성호를 감사하며 주의 영예를 찬양하게 하소서"
(시 106:47)

엄마와 아가의 대화

듣고 있니 아가야?

사랑하는 우리 아가야!
우리를 한없이 사랑하시는 하나님께 어떤 어려움이 있어도 여유 있는 마음을 달라고 기도하자.
구약 성경에 보면 야곱에게 사랑받은 요셉이라는 아들이 있었단다.
야곱은 다른 아들들보다도 유난히 요셉을 사랑해서 옷도 왕이 입는 옷을 입히고 자기 옆에 가까이 두었단다.
그러던 어느 날 세겜이라는 곳에서 양을 치고 있는 형님들과 양들이 모두 잘 있는지 보고 오라는 야곱의 심부름을 하기 위해서 형님들에게 갔을 때 아버지의 사랑을 독차지하고 있는 요셉을 시기해서 형들이 요셉을 애굽 상인들에게 팔아버렸대.
그는 애굽으로 팔려서 친위대장을 하던 보디발이라는 사람의 집에서 종살이를 하게 되었단다.
그런데 요셉은 종살이를 하면서도 언제나 성실하고 하나님을 섬기며 감사하며 살았어. 그랬더니 보디발은 하나님이 함께하시는 모습을 요셉에게서 보게 되었어.
"여호와께서 요셉과 함께 하시므로 그가 형통한 자가 되어 그의 주인 애굽 사람의 집에 있으니 그의 주인이 여호와께서 그와 함께하심을 보며 또 여호와께서 그의 범사에 형통하게 하심을 보았더라"(창 39:2-3).
하나님께서 요셉과 함께하셔서 그 상황을 이렇게 기록해 놓은 거야. 무엇을 하든지 하나님이 함께하면 그것이 제일 행복한 일이란다.
이뿐 아니라 하나님께서 요셉에게 꿈을 잘 해석할 수 있는 지혜를 주셔서 나중에는 애굽의 총리가 되었지.
사랑하는 아가야!
우리가 하나님 말씀대로 살면 우리를 축복해 주신

단다.

또한 꿈이 있는 사람은 어떤 어려움이 와도 낙심하지 말아야 해. 꿈이 있기 때문에 어떤 어려운 환경에서도 한숨짓거나 신음해서는 안 된단다.

"너희는 택하신 족속이요 왕 같은 제사장들이요 거룩한 나라요 그의 소유된 백성이다"(벧전 2:9).

우리 예쁜 아가는 요셉처럼 어떤 어려움이 와도 절대 낙심하지 말고 하나님과 동행함으로 승리해야 한단다.

하나님은 축복의 하나님이시니까 하나님만 의지하자. 알았지!

사랑한다. 나의 아가야!

하나님께서 너와 함께 하신단다.

19일 태아를 위한 태교 기도

사랑과 은혜가 많으신 하나님 아버지!
하나님께서 만세 전에 우리를 택하여 주시고 영원한 생명을 주시며 하나님의 자녀로 삼아 주셔서 저희 부부에게 새 생명을 허락해 주심을 감사드립니다.
온 우주를 창조하시고 만드신 하나님 아버지!
이 시간 저희에게 주신 태아를 영혼의 눈으로 생각해 봅니다. 아기의 눈빛이 어떤지, 턱이 어떤 선을 그리고 있는지, 코가 어떻게 생겼는지는 보지 못합니다. 그러나 제 손을 배에 얹고 눈을 감으면, 저와 제 아기는 서로의 존재를 알 수가 있습니다.
이 시간 간구합니다.
저희 아기가 예수님처럼 튼튼하게 해 주시고 샤론에 핀 백합화처럼 향기로운 자녀가 되게 하여 주옵소서. 또한 저희 부부가 서로 말할 때마다 고상한 말을 하게 하여서 뱃속의 아기에게 부모의 아름다운 마음과 말씨가 전달되어 본이 되는 부모가 되게 하여 주옵소서.
거친 말이 우리 입에서 나오지 않도록 하시고 말로

서 서로에게 상처를 주지 않도록 한 번 더 서로를 배려할 수 있는 믿음을 주옵소서. 저희 말을 엄마의 뱃속에 있는 아가가 듣고 있다는 것을 깨달아 늘 조심하도록 도와주옵소서.

또한 하나님께서 우리에게 주신 고귀한 생명에게 건강함을 주시어서 온전히 하나님의 형상을 덧입고 사랑과 지혜가 많은 태아로 형성되게 하여 주옵소서. 내가 거룩하니 너희도 거룩하라고 말씀하신 것처럼 우리 엄마들이 말이나, 행동이나, 모든 것들이 경건하여 날마다 새롭게 태어나게 하시고 주님의 형상을 아름답게 드러내게 하여 주옵소서.

하나님 아버지!

우리 아가에게 부지런함도 주옵소서. 한 평생 살아가는 동안 어리석거나, 미련하게나, 게으르거나 해서 하나님의 빛을 가로막지 않게 하시고 예수님께서 아버지가 일하시니 나도 일하신다는 말씀처럼 어느 곳에든지 부지런 할 수 있는 체질을 주시어서 인정받는 사람이 되게 하여 주옵소서.

인생의 주인이신 예수님의 이름으로 기도합니다. 아멘

20일 예배의 복을 주소서

"그러므로 형제들아 내가 하나님의 모든 자비하심으로 너희를 권하노니 너희 몸을 하나님이 기뻐하시는 거룩한 산 제사로 드리라 이는 너희의 드릴 영적 예배니라"(롬 12:1)

엄마와 아가의 대화

듣고 있니 아가야?

사랑하는 아가야!
두 손을 주님께 모아서 "내게 능력 주시는 자 안에서 내가 모든 것을 할 수 있느니라"(빌 4;13)라는 믿음을 달라고 기도하자.
바벨론 나라에 다니엘이라는 사람이 있었단다. 그런데 다니엘에게는 정말 우정이 돈독한 세 친구도 있었지. 이 사람의 친구의 이름은 하나냐, 미사엘, 아사랴이다. 이 친구들의 이름을 고위 관리가 히브리식 이름을 자기 나라 방식으로 이름을 바꾸어서 다니엘은 벨드사살, 하나냐는 사드락, 미사엘은 메삭, 아사랴는 아벳느고라고 바꾸어 주었단다.
이 네 사람은 믿음에 있어서도 항상 마음이 같이 통

했던 친구들이란다. 바벨론이라는 나라는 느부갓네살 왕이 전쟁을 통해서 아주 똑똑한 아이들을 모아서 바벨론으로 데려가 공부를 시켜서 자신을 위해 일하게 만들었단다. 그래서 다니엘의 세 친구도 바벨론에 오게 된 것이란다.

다니엘과 세 친구는 공부만 열심히 하는 것이 아니라 믿음도 아주 대단했단다. 다니엘과 하나냐, 미사엘, 아사랴는 자신들에게 주어지는 왕의 음식들을 먹지 않기로 결심하고 자신들의 신앙대로 살고자 환관장에게 뜻을 밝혔단다.

그러자 환관장은 10일 동안 채식만 하게 하여 얼굴을 비교하기로 결정했단다. 그리고 시험한 결과 하나님께서 이들의 생각에 감동하셔서 승리하게 하셨단다.

사랑하는 예쁜 아가야!

하나님께서는 자기를 위하여 뜻을 정하고 사는 사람들을 어떠한 어려움 속에서도 지켜 주신단다. 우리도 다니엘같이 하나님을 사랑하는 사람이 되게 해 달라고 기도하자.

엄마가 사랑한다.

 **20일** 태아를 위한 태교 기도

은혜와 사랑의 하나님 아버지!
주님께 영광과 찬양을 드리며, 거룩한 날을 허락하시어서 오늘도 이렇게 인도하여 주시니 감사드립니다. 우리의 생명과 가족과 교회를 보호하여 주시고, 어렵고 힘든 세상에서 승리하며 기쁘게 살아갈 수 있도록 용기를 주시니 감사합니다.
저에게 특별한 은혜를 부어 주시고, 하나님께 영광 돌리면서 살게 하여 주옵소서.
저희 가정에 축복하시고, 물질도 주시고, 지혜도 주시고, 형통함을 주시어서 감사하며 살게 하여 주옵소서. 저희들이 하나님이 주신 선물에 감사하며 부모로서의 책임을 잘 감당하는 엄마와 아빠가 되게 하여 주옵소서. 앞으로 저에게 성령의 기름 부음을 허락하시고 성령 충만하게 하여 주옵소서.
사랑의 하나님 아버지, 엄마의 건강을 지켜 주옵소서. 임신 초기에 느꼈던 피로함과 입덧이 조금씩 잦아들게 하심을 감사드립니다. 엄마의 자궁을 튼튼하게 하시어서 귀한 아이가 편안하게 성장해 갈

수 있는 집이 되게 하시고, 몸의 신진대사가 잉태에 맞게 잘 적응되어 안정을 찾게 하여 주옵소서.
영양가 있는 음식을 고루 먹게 하시고, 소화기관을 튼튼하게 하시어서 어려움 없이 소화시킬 수 있는 건강도 허락하여 주옵소서. 엄마의 마음에 화평을 더하여 주시고, 하나님의 은혜가 날마다 충만하여 믿음이 태아에게 전하여 내려올 수 있도록 축복하여 주옵소서.
무엇보다도 태아가 건강하게 하시고, 남을 배려하는 마음도 많아지게 하시고 언제나 섬김이 있는 리더십을 허락하여 주옵소서. 태아에게 넓은 마음과 긍정적인 마음도 주시어서 매사에 항상 기뻐하며 감사하는 사고를 하게 하여 주시고 지혜로운 삶을 살도록 축복하여 주옵소서.
아기의 아빠를 위해 기도합니다.
더욱 힘들어 하는 아내를 적극적으로 사랑하게 하시고 비록 직장에서 힘든 일을 하고 집에 돌아오더라도 아내를 격려하는 남편이 되게 하여 주시고 지혜롭게 태교를 잘 할 수 있게 은혜도 주옵소서.
예수님의 이름으로 기도합니다. 아멘

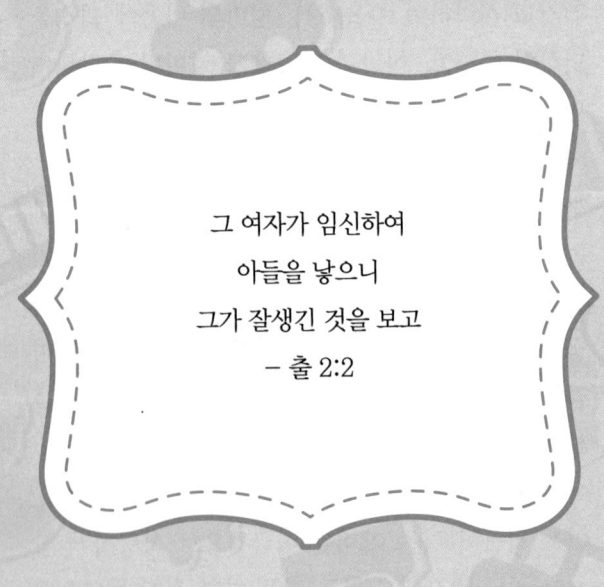

그 여자가 임신하여
아들을 낳으니
그가 잘생긴 것을 보고
- 출 2:2

3장

감사는 기쁨이다

태아를 위한 엄마의 기도

21일 새 노래로 찬양하게 하소서

"하나님의 말씀은 다 순전하며 하나님은 그를 의지하는 자의 방패시니라" (잠 30:5)

 엄마와 아가의 대화

듣고 있니 아가야?

사랑하는 우리 아가야!
오늘은 찬송하는 은혜를 달라고 기도하자.
다윗 왕은 찬송을 잘했단다. 우리가 찬송을 잘할 수 있는 비결은 하나님께서 우리에게 음악성을 주시는 것이란다. 좋은 감성과 재능을 가진 아이가 되게 해 달라고 기도하자.
프레드릭 헨델이라는 사람이 있었단다. 그는 많은 오페라를 작곡했지만 큰 성공을 거두지 못했단다. 몇 편의 가극이 실패하고 그의 라이벌 보눈치니의 쉴 새 없는 공격으로 거의 망했을 때 헨델은 이제 끝났다는 소문이 런던에 파다하게 돌고 있었단다. 그때 하나님께서 능력을 주셔서 작곡한 것이

'메시아'라는 곡이야. 23일 동안 무릎을 꿇고 영적인 힘을 달라고 기도하면서 유명한 합창곡인 '할렐루야'를 완성했단다. 그는 눈물을 흘리며 "내 앞에 천국이 나타난 것을 보았다. 나는 위대하신 하나님을 보았다. 오! 주여, 주여."라고 외쳤대요. 그리고 모든 악보를 완성한 후 "오, 하나님이 나를 찾아오셨구나."라고 찬송했단다.

우리 아가도 이렇게 좋은 재능을 하나님께 받아서 은사가 많은 사람이 되게 해 달라고 기도하자.

우리 예쁜 아기는 지능, 감성, 예능, 건강을 가진 아이가 되었으면 좋겠다. 사랑하는 예쁜 아가야! 이 시간 우리가 필요한 것들을 하나님께 구하자. 이 시간 우리도 하나님을 함께 찬양해 볼까?

생명 주께 있네. 능력 주께 있네. 소망 주께 있네. 주 안에 있네. 지혜 주께 있네. 주 안에 있네.

하나님께 구하면 주시거든. 엄마, 아빠는 우리 아가가 엄마 뱃속에서부터 이렇게 모든 방면에 예술성이 깊은 아가가 되었으면 좋겠구나. 알았지?

하나님께 인정받는 아가가 되었으면 좋겠단다. 사랑한다.

 ## 21일 태아를 위한 태교 기도

사랑과 위로의 하나님 아버지!
저희들 하나님의 은혜를 기억한다고 하면서도 순간 순간 하나님의 은혜와 사랑을 잊어버리고 살 때가 많았고 하나님을 의지하지 못하고 우리 주장만을 내세우면서 살아왔습니다. 용서하여 주옵소서.
사랑의 하나님!
제 아이가 태어날 때까지 얼마나 많은 날들이 남아 있는지 세어 보곤 합니다. 임신 기간 동안 주님의 풍성한 은혜를 맛보게 해 주세요. 지금 아가가 뱃속에서 한창 자라고 있습니다. 아가에게 말할 수 있는 지능이 잘 발달하도록 해 주시고 몸의 균형을 유지할 수 있도록 주님이 주장하여 주옵소서.
저희 아기가 예수님처럼 튼튼하고 샤론에 핀 백합화처럼 향기로운 자녀가 되게 하여 주옵소서. 저희 부부가 서로 고상한 말을 함으로써 뱃속의 아기에게 부모의 아름다운 마음과 말씨가 전달되어 본이 되는 부모가 되게 해 주옵소서. 거친 말이 나오지 않도록 하시고, 말로 서로에게 상처를 주지 않도록 한 번 더 서로를 배려하는 믿음을 주옵소서. 저희 말을 엄마의 뱃속에 있는 아가가 듣고 있다는 것을 깨달아 늘 조심하도록 도와주옵소서.

저희 아가에게 하나님을 많이 아는 지혜를 주시고 그 입으로 하나님께 기도하는 아가가 되도록 평생을 인도하여 주옵소서.

이제 태아가 부모의 말을 알아듣고 있사오니 좋은 말만 사용할 수 있도록 모든 상황을 지켜 주시고, 태아와 대화할 때도 사랑스러운 언어를 허락하여 주옵소서.

태아가 태동이 심하여 배를 많이 찰 때입니다. 그때마다 건강하다는 증거이오니 감사하게 하여 주옵소서. 간구하기는 태아가 건강하여서 매사에 자신감을 가지고 긍정적으로 행동하게 하시고 심성이 고운 태아가 되게 하여 주옵소서. 사랑의 하나님께서 그런 몸과 마음을 주실 줄 믿습니다. 엄마도 음식을 잘 섭취하여 태아에게 영양을 충분히 공급할 수 있도록 도와주옵소서.

우리를 구원하신 예수님의 이름으로 기도합니다. 아멘

22일 찬양의 위력을 주소서

"하나님의 말씀은 살았고 운동력이 있어 좌우에 날선 어떤 검보다도 예리하여 혼과 영과 및 관절과 골수를 찔러 쪼개기까지 하며 또 마음의 생각과 뜻을 감찰하나니"(히 4:12)

엄마와 아가의 대화

듣고 있니 아가야?

사랑하는 아가야!
우리 아기가 건강한 아이가 되어서 몸과 마음이 균형 잡히게 해 달고 하나님께 기도하자.
옛날에 야곱과 그의 가족들이 살고 있었단다. 야곱은 제일 사랑하는 여자 라헬에게서 낳은 요셉이라는 아들이 있었지. 요셉은 어릴 때부터 하나님의 말씀을 들으면서 아버지의 사랑을 독차지했단다. 그러니 형들이 얼마나 시기를 했었겠니.
어느 날 요셉이 잠을 자는데 아주 이상한 꿈을 꾸게 되었단다. 들판에 볏단들이 모여 있는데, 요셉의 볏단이 중간에 있고, 그 주위로 형들의 볏단이 모여 서더니 형들의 볏단이 요셉을 향해서 넓죽 절을 했단다. 참 이상한 꿈이었지.

다음날 날이 밝자마자 요셉은 꿈 이야기를 형들에게 하기 위해서 형들이 있는 곳으로 가서 "형님들, 들어 보세요. 어젯밤에 내가 꿈을 꾸었는데 형님들의 볏단이 내 볏단을 향해서 절을 했어요"(창 37:7). 형들은 자신들이 요셉에게 절을 하더라는 꿈 이야기를 하니 기분이 아주 나빴단다. 그 이야기를 듣고 있던 한 형님이 이렇게 야단을 쳤지. "우리가 너의 종이라도 된단 말이냐? 철이 없어도 그렇지 아버지를 믿고 너무 까부는구나." 요셉은 아주 큰 무안을 당했단다. 하지만 요셉은 그 꿈을 이상하게 생각했단다. 얼마 있지 않아서 요셉은 또 잠을 자다가 더 이상한 꿈을 꾸게 되었단다.

이번에는 어떤 꿈일까? 요셉의 별이 있는데 그 주위에 아버지, 어머니 그리고 열 한 개의 형제 별들이 둘러서서는 요셉의 별에게 절을 하는 거야(창 37:9). 참 이상한 꿈이지. 하나님은 우리에게 미래의 일들을 꿈으로 보여 주시기도 한단다.

우리 예쁜 아기도 하나님을 기쁘시게 하는 큰 꿈을 가진 아가가 되자.

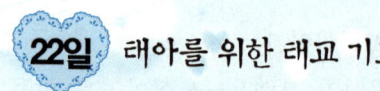 ## 22일 태아를 위한 태교 기도

거룩하시고 자비로우신 하나님 아버지!
우리를 푸른 초장으로, 쉴 만한 물가로 인도하여 주시며 선한 목적과 섭리 가운데 우리를 보존하시고, 하나님의 크신 사랑으로 인도하여 주시니 감사합니다. 생명을 주시는 하나님을 찬양합니다.
사랑의 주님!
가끔씩 아이가 꼼지락거리고 돌면서 발로 차고 있습니다. 아기의 움직임을 느낄 때면 저를 둘러싸고 있는 온갖 생명의 영역에서 창조의 힘을 다시금 생각하게 됩니다. 작은 기쁨 속에서 큰 기쁨을 만들어가게 하시고, 내 마음과 내 주변에서 일어나는 좋은 일들이 각 방향으로 흘러갈 수 있도록 인도해 주옵소서.
산모를 임신의 위험으로부터 보호해 주시고, 각종 질병에서 자유하게 하시고 건강하게 지켜 주옵소서. 엄마가 일상생활에서 좋은 것들을 많이 보고, 경험하며, 좋은 음식들을 많이 섭취할 수 있도록 경제적인 뒷받침도 따르게 하여 주옵소서.

사랑의 주님!
저희 태아에게 깨끗한 마음과 온화하여 세상을 포용할 수 있는 정신을 허락해 주시고, 뛰어난 재능을 주셔서 하나님께서 원하시는 뜻대로 자라나도록 축복하여 주옵소서. 또한 하나님을 경외하는 아이가 되게 하시며 말씀을 귀하게 여기고 사랑하는 태아로 조성하여 주옵소서.

아기의 생각을 지키셔서 나쁜 생각이 자리 잡지 않게 하시고 영혼이 항상 밝고 마음이 예쁜 아기가 되게 하여 주옵소서. 마음을 통하여 참된 하나님의 사랑을 경험하게 하시고 어떤 어려움이 있어도 연단을 통해서 강해지는 귀한 신앙의 사람으로 쓰임 받게 하여 주옵소서.

세상 부패에 물들지 않게 하셔서 온갖 악의 유혹을 물리치고 예수님을 본받아 주님의 뜻을 이루는 일꾼이 되게 하소서. 날이 갈수록 하나님의 사랑이 더욱 깊어지게 하여 주시고 이전보다 더 주님을 사랑하는 가정되기 원합니다. 오늘도 하나님의 임재를 체험하는 귀한 가정이 되게 하여 주옵소서. 예수님의 이름으로 기도합니다. 아멘

23일 감사하면서 살게 하소서

"하나님이 그들에게 복을 주어 가라사대 생육하고 번성하여 여러 바다 물에 충만하라 새들도 땅에 번성하라 하시니라"(창 1:22)

엄마와 아가의 대화

듣고 있니 아가야?

사랑하는 우리 아가야!
신앙이 우리의 삶에 바탕이 되는 기도를 배우자.
어느 날 예수님의 제자들이 질문했단다.
"예수님! 우리에게도 기도를 가르쳐 주세요. 요한의 제자들은 기도를 가르쳐 주어서 잘하는데 저희는 잘 몰라요."
예수님께서 이렇게 기도하라고 가르쳐 주었단다.
하늘에 계신 우리 아버지여
이름이 거룩히 여김을 받으시오며,
나라가 임하시오며 뜻이 하늘에서 이루어진 것 같이 땅에서도 이루어지이다
오늘 우리에게 일용할 양식을 주시옵고,

우리가 우리에게 죄 지은 자를 사하여 준 것 같이
우리 죄를 사하여 주시옵고,
우리를 시험에 들게 하지 마시옵고 다만 악에서 구하시옵소서. (나라와 권세와 영광이 아버지께 영원히 있사옵나이다). 아멘
사랑하는 나의 아가야, 너무 좋은 기도지?
이런 기도를 가지고 기도한 요한 웨슬레의 어머니 수산나가 있었단다. 수산나는 열아홉 명의 자녀를 두었단다. 그런데 자녀들을 혼자 다 키우면서 저녁마다 한 명씩 데리고 성경 공부를 했지. 그들 중 찰스 웨슬레와 요한 웨슬레 때문에 영국 교회가 부흥하게 되었단다. 수산나가 열 아홉 명의 자녀들을 교육할 때 3가지 기준이 있었단다.
첫째는 철저한 규칙 중심으로 교육을 한다.
둘째는 철저한 통제성으로 교육한다.
셋째는 빈틈없는 긴밀성으로 교육한다.
이러한 믿음으로 교육하면서 기도한 결과 훌륭한 자녀들이 되었단다.
기도하며 무엇이든지 하면 하나님이 축복해 주셔.
기도하면서 오늘도 승리하자. 사랑한다.

 ## 23일 태아를 위한 태교 기도

생명의 근원이 되시는 하나님 아버지!
은혜와 사랑을 생각할 때마다 감사드립니다. 또한 태의 열매를 주셔서 가정에 기쁨 주시니 감사드립니다. 힘들 때마다 건강을 허락하시고, 성령님께서 순간 순간 권고하여 주심으로 오직 하나님을 바라보며 육체적으로 힘들지 않도록 붙들어 주옵소서.
특별히 가족들과 주위 사람들의 많은 사랑과 이해와 배려가 필요한 때입니다.
만삭이 되어서 출산할 때까지 엄마에게 평강을 허락하여 주시고, 태중의 영혼도 잘 자라게 하시어서 건강하고 튼튼하게 태어나게 인도하여 주옵소서. 사랑하는 자녀로 인해서 하나님께는 영광이요 가정에는 기쁨이 되게 하여 주옵소서.
사랑의 주님!
우리의 아이가 자신의 의견만을 고집하지 않고 하나님을 알고, 자신을 아는 것을 가장 보배로운 가치로 삼고 살도록 키우게 하여 주옵소서. 우리의 아이를 평탄한 길로만 이끌지 마시고 고난과 역경의 삶으로도 인도하시어서 거센 폭풍우에도 견딜 줄 알게 하시며, 패배한 이에게는 사랑으로 대할 줄 알게 하여 주옵소서. 그래서 맑은 마음으로, 남을 지배하려 들기 전에 자신을 잃지 않는 아이로 키우게 하여 주옵소서.

내 아이가 이 모든 것을 이루게 된 후에도 주님의 그 풍부한 유머를 지니고 진실하게 인생을 살게 하시고, 어려운 이웃들을 돌볼 줄 아는 겸허함이 있게 하여 주시어서 먼 훗날 아버지로서 기도한 것이 정말 헛되지 않았다는 것을 우리 주님께 조용히 말씀드릴 수 있게 하여 주옵소서.

사랑하는 태아가 언제나 긍정적인 생각을 가지고 침착하며 여유 있게 처신할 수 있는 감성을 허락하여 주시고, 지성과 인격과 영성이 골고루 갖추어져 잘 성장할 수 있도록 인도하여 주시옵소서.

우리의 힘으로 생명을 키워낼 수 없음을 더 잘 알기에 주님을 의지합니다. 하나님께서 아이가 세상에 나올 때까지 책임져 주시고 태아의 생각을 지켜 주옵소서. 임마누엘 되신 예수님의 이름으로 기도드립니다. 아멘

24일  감사하며 찬양하게 하소서

"이는 네 속에 거짓이 없는 믿음을 생각함이라 이 믿음은 먼저 네 외조모 로이스와 네 어머니 유니게 속에 있더니 네 속에도 있는 줄을 확신하노라"(딤후 1:5)

엄마와 아가의 대화

듣고 있니 아가야?

예쁜 아가야!
우리의 마음이 언제나 깨끗하고 아름답게 해 달라고 기도하자.
바벨론 나라에 포로로 잡혀온 다니엘이라는 인물이 있었단다.
다니엘은 지혜가 있고 믿음이 있어서 총리가 되었는데 그것을 시기한 대신들이 다니엘을 넘어뜨리기 위해 다른 신에게 기도하는 사람을 사자 굴에 넣자는 말을 했단다.
그래도 다니엘은 하나님과 약속한 하루에 세 번씩 기도를 하였단다.
"다니엘이 이 조서에 왕의 도장이 찍힌 것을 알고

도 자기 집에 돌아가서는 윗방에 올라가 예루살렘으로 향한 창문을 열고 전에 하던 대로 하루 세 번씩 무릎을 꿇고 기도하며 그의 하나님께 감사하였더라"(단 6;10)

이런 기도 때문에 다니엘은 사자 굴에 들어가게 되었지. 그때 배고픈 사자들이 으르렁거리고 있었거든. 그러나 하나님께서 다니엘을 지켜 주셨단다. 사자가 입이 있어도 다니엘을 해치지지 못하도록 지켜 주신 거란다. 하나님이 지켜 주시면 악한 짐승, 악한 마귀도 모두 물리칠 수 있단다.

다니엘이 사자 굴에 들어간 것을 알고 왕은 밤새 한 잠도 자지 못하고, 먹지도 못한 채 다음날 날이 밝자 다니엘이 죽었는지 살았는지를 알기 위해서 찾아갔단다.

왕이 이렇게 불렀단다.

"다니엘아!"

그때 다니엘이 대답했단다.

"폐하, 오래오래 사시기 바랍니다."

왕은 다니엘이 살아있는 것을 확인하고 너무나 기뻐서 다니엘을 조롱한 사람들을 대신 사자 굴에 넣었단다.
그리고 왕이 다니엘에게 이렇게 말했단다.
"네가 항상 섬기는 너의 하나님이 너를 구원하시리라."
이러한 다니엘의 용기가 이 시대에 필요하단다.
사랑하는 예쁜 아가야!
하나님께서는 자기를 위하여 살지 않고 하나님을 위해서 살려고 하는 사람들을 어떤 어려움 속에서도 지켜 주신단다.
우리 예쁜 아기도 다니엘과 같은 믿음을 가졌으면 좋겠단다. 참 멋있지?
우리 예쁜 아가도 이런 믿음을 갖게 해달라고 기도하자.

 **태아를 위한 태교 기도**

세상을 창조하신 하나님 아버지!
말씀으로 저희를 창조하시고 사랑을 주시니 감사합니다.
계획은 사람이 세우지만 결정은 하나님께서 하신다는 주관적인 믿음을 가지고 저희 부부가 태교를 하고 있사오니 축복하시고 은혜로 인도하여 주옵소서. 믿음 안에서 저희 부부가 태교를 하게 하심을 감사드립니다.
이 시간 태아에게 지혜를 주시고, 하나님께 기도하는 태아가 되도록 평생을 인도하여 주옵소서. 지금 태아가 뱃속에서 한창 자라고 있사오니 지능이 잘 발달되도록 하여 주시고, 몸의 균형을 유지할 수 있도록 주님이 주장하여 주옵소서.
이 시간 태아의 얼굴이 점차 정교해지며, 심장이 완전히 형성되고 내부기관이 빠르게 만들어지는 시기입니다.
지금 엄마의 뱃속에 있는 태아가 하나님의 진리의 말씀을 사모하게 하시고, 하나님의 율법과 도를 사랑하는 마음을 주시며, 믿음으로 살고 성령의 인도하심을 받게 하여 주옵소서.

무릇 지킬 만한 것보다 마음을 지키라고 하였사오니 사랑하는 우리 태아가 이 땅에 태어나서 마음을 지키고, 창조의 놀라움을 찾을 수 있는 사람이 되도록 인도하여 주시옵소서.

무엇보다 솔로몬과 같은 지혜를 허락하여 주셔서 어리석은 자가 되지 않게 하시고, 하나님 마음에 합한 자가 되게 하여 주옵소서.

위로부터 오는 지혜는 하나님을 경외하고 하나님의 말씀을 묵상하는 데서 얻어지는 것이오니 태아가 하나님을 경외함으로 인하여 총명한 자녀가 되게 하여 주옵소서.

또한 하나님의 말씀을 사모하는 자가 되게 하시고 일평생 동안 말씀의 다스림을 받는 태아가 되게 하여 주옵소서.

지혜가 날마다 풍성해지도록 복을 내려 주옵소서. 태아의 건강을 지켜 주시고 그 지혜와 명철이 뛰어나서 부모에게는 기쁨이 되게 하시어서 사람들에게는 인정받게 하시며, 하나님 보시기에는 아름다운 아이의 모습이 될 수 있도록 인도하여 주옵소서.
엄마와 태아에게 건강을 주셔서 조산하는 일이 없도록 지켜 주시고 하나님께서 원하는 시간에 세상에 나올 수 있도록 인도하여 주옵소서.
엄마의 마음이 불안하지 않도록 늘 평안함을 주시고 하나님의 사랑이 넘치는 기쁨으로 인도하여 주옵소서.
예수님의 이름으로 기도합니다. 아멘.

25일  범사에 감사하게 하소서

"우리가 너의 승리로 인하여 개가를 부르며 우리 하나님의 이름으로 우리 기를 세우리니 여호와께서 네 모든 기도를 이루시기를 원하노라"(시 20:5)

 엄마와 아가의 대화

듣고 있니 아가야?

사랑하는 아가야!
엄마와 아빠가 너를 얼마나 사랑하는 알지? 하늘만큼 땅만큼 사랑한다.
오늘은 요나 선지자에 대해서 이야기해 보자.
하나님은 요나를 불러서 말씀하셨어.
"요나야! 니느웨로 가서 복음을 외치라. 그들이 죄를 많이 지어서 심판해야 하겠다."라고 말씀하셨어.
이 말씀을 듣고 요나는 가기 싫어서 다시스라는 곳으로 가기 위해서 배를 탔어요.
"요나가 여호와의 얼굴을 피하려고 일어나 다시스로 도망하려 하여 욥바로 내려갔더니 마침 다시스로 가는 배를 만난지라. 여호와의 얼굴을 피하여 그들과 함께 다시스로 가려고 배 삯을 주고 배에 올랐더라"(욘 1:3).

요나는 불순종하고 다른 배를 타고 잠을 잔 거야. 그리고 얼마 후에 요나가 배 밑에서 피곤해서 잠을 자는데 바다에 풍랑이 일더니 배를 집어삼키려고 하는 거야.

선원들과 사람들은 난리가 났지.

선주는 누구 때문에 풍랑이 일어났는지 제비를 뽑았어요.

그런데 이게 웬일이니 요나가 딱 걸린 거야.

"사공들이 두려워하여 각각 자기의 신을 부르고 또 배를 가볍게 하려고 그 가운데 물건들을 바다에 던지니라 그러나 요나는 배 밑층에 내려가서 누워 깊이 잠이 든지라"(욘1:5).

그랬더니 요나가 뽑혔고 선주는 요나를 바다에 던졌어.

요나가 물속에 던져지자 거대한 물고기가 요나 선지자를 먹어 버렸어요. 요나 선지자는 물고기 뱃속에서 이렇게 회개했어요.

"주께서 나를 깊음 속 바다 가운데에 던지셨으므로 큰물이 나를 둘렀고 주의 파도와 큰 물결이 다 내 위에 넘쳤나이다. 내가 말하기를 내가 주의 목전에서 쫓겨났을지라도 다시 주의 성전을 바라보겠다"(욘 2:2-3).
그랬더니 하나님께서 요나를 토해 내게 하셨어요.
요나 선지자는 그때 니느웨로 가서 하나님의 말씀을 외쳤단다.
"하나님을 믿으세요. 그렇지 않으면 하나님께서 심판하십니다."
이렇게 선포했더니 니느웨 백성들이 다 금식하고 회개하여 하나님의 백성들이 되었단다.
하나님의 말씀의 능력은 힘이 있지. 우리도 하나님의 말씀을 듣고 순종하면 말의 권세가 있단다.
"여호와의 말씀은 정직하며 그가 행하시는 일은 다 진실하시도다"(시 33:4).
아가야!
우리도 하나님을 사랑하고 말씀대로 살자. 아멘.

 ## 25일 태아를 위한 태교 기도

새 생명을 축복하시는 하나님 아버지!
새 생명을 창조하신 하나님의 은혜를 진심으로 감사드립니다.
부부로 한 몸을 이루게 하시고 생육하고 번성하라고 하신 하나님의 창조 명령대로 저희 가정에 새 생명을 허락하심을 감사드립니다.
생명의 주인이신 하나님!
저희 태아를 하나님의 손에 맡깁니다.
새 생명을 주신 이가 하나님이시오니, 앞으로 태아가 건강하게 성장하도록 은혜를 주옵소서.
태아를 붙잡아 주셔서 정상적으로 건강하게 신경계, 혈액계, 순환계가 형성되게 하옵소서.
저희가 바라기는 아빠와 엄마의 가장 예쁜 부분만을 닮게 하시고 가장 아름다운 모습으로 형성되게 하시옵소서.
하나님 아버지!
우리 아기에게 대한 믿음과 자신에 대한 믿음을 강하게 지켜 주옵소서.

새 생명을 잉태한 기쁨과 감사의 마음으로 태아의 성장에 필요한 영양분과 산소를 잘 공급할 수 있게 하시옵소서.

저희 부부가 날마다 하나님만을 찬양하며 의지하게 하옵소서.

저희 아가를 축복해 주시어서 마음을 맑게 만들어 주시고 하늘을 닮고 땅의 순박한 얼굴이 되어서 항상 새로움을 주는 신선한 외모와 마음을 주옵소서.

생각이 복잡한 세상에서 순결한 마음을 주시어서 예수님의 성품을 소유한 사람으로 인도하여 주시고 사슴처럼 예쁜 눈과 마음으로 믿음의 향기를 드러내는 신앙의 사람이 되게 하여 주옵소서.

저희 부부의 욕심입니다만 저희 아기의 얼굴도 하늘처럼 맑고 바다처럼 매력 있게 하시고 재능도 많게 하시어서 하나님이 주신 최고의 사람이 되게 하옵소서.

하나님은 모든 만상을 창조하셨사오니 우리 아가도 그렇게 창조하여 주옵소서.

주님이 말씀하시기를 "너희가 기도할 때에 무엇이든지 믿고 구하는 것은 다 받으리라"(마 21:22)고

하셨습니다.
이렇게 아가를 위해서 기도하오니 나실인과 같이 구별된 삶을 살게 하시고 주님의 협력자가 되게 하여 주옵소서.
그리고 주님의 지혜와 분별력을 배워서 많은 사람들에게 나눌 수 있는 주님의 힘도 주옵소서.
주님의 한량없으신 사랑의 분량이 우리 아가와 태아를 잉태한 엄마인 나에게도 주님 앞에서 의롭고 순결하도록 인도하여 주옵소서.
주님께서 가르쳐 주신 것들을 준행할 줄 아는 믿음을 주옵소서.
거룩하신 예수님의 이름으로 기도합니다. 아멘.

26일  영원토록 찬양하게 하소서

"주의 말씀의 맛이 내게 어찌 그리 단지요 내 입에 꿀보다 더하니이다"(시 119:103)

엄마와 아가의 대화

듣고 있니 아가야?

사랑하는 우리 아가야!
오늘은 참 기분 좋은 날씨구나. 이제 엄마와 함께 잔잔한 물가로 인도하시는 하나님의 은혜를 경험해 보자.
귀여운 아가야!
우리 하나님과 사람들에게 칭찬받는 사람이 되도록 기도하자.
디모데라는 믿음의 사람이 있었단다.
디모데는 할머니와 어머니의 믿음 속에서 성장했단다. 얼마나 믿음이 좋았던지 할머니의 믿음과 어머니의 신앙을 본받아서 어려서부터 성경 말씀을 배웠단다.

"이는 네 속에 거짓이 없는 믿음이 있음을 생각함이라 이 믿음은 먼저 네 외조모 로이스와 네 어머니 유니게 속에 있더니 네 속에도 있는 줄을 확신하노라"(딤전 1:5).

디모데의 믿음이 할머니, 그리고 엄마를 통해서 디모데에게까지 내려온 거야. 이런 믿음을 가진 사람이 디모데야.

우리도 디모데처럼 믿음이 엄마 아빠를 통해서 아가에게 계승되었으면 좋겠어.

이런 믿음을 보고 사도 바울 선생님은 디모데를 믿음의 아들이라고 부르면서 함께 복음을 전하는 사람으로 동역하게 했단다.

사도행전이라는 책에 보면 고넬료라는 군인이 나오는데, 이 사람은 어느 날 어디서 예수님의 소식을 듣고 예수를 믿기 시작했단다.

그 이후부터 온 집이 날마다 가정 예배를 드리고, 기도를 하면서 하나님을 온전히 섬겼단다.

"그가 경건하여 온 집안과 더불어 하나님을 경외하며 백성을 많이 구제하고 하나님께 항상 기도하더니"(행10:2).

이뿐 아니라 어려운 사람들도 많이 도와주었단다.
고넬료는 날마다 예배를 드렸는데 어느 날은 하나님의 음성이 들려왔단다.
"고넬료야! 너의 기도가 응답되었단다"(행 10:2).
고넬료가 듣고 너무나 기뻐서 어쩔 줄을 모르고 있을 때 베드로 사도를 자기 집에 초청해서 예배를 드리라고 하나님께서 말씀하셨단다.
사랑하는 우리 아가야.
우리가 하나님께 모두 맡기고 기도하면 하나님은 언제나 우리의 기도를 듣고 응답하신단다.
기도하면서 살면 하나님께서 축복해 주시거든.
이 만큼 기도는 소중한 것이야.
알았지?
사랑한다. 아가야.

26일 태아를 위한 태교 기도

사랑과 은혜가 풍성하신 하나님 아버지!
우리 가정에 귀한 선물을 주심을 감사합니다.
이 세상에 그 어떤 것보다 한 생명을 허락하셨으니 하나님께서 주신 이 생명을 소중히 여기며 사랑하는 가정이 되게 하여 주옵소서.
모든 두려움과 불안을 없게 하시어서 복중의 태아와 엄마도 붙들어 주시고 하나님의 날개 아래 품어 주시고 임신 기간 동안 순탄케 하여 주옵소서.
또한 출산의 때에도 함께하여 주시고 하나님께서 주신 선물을 잘 양육할 수 있도록 엄마에게 힘도 주시고 영, 육간에 강건함을 허락하여 주옵소서.
능력이 많으신 하나님 아버지!
우리의 물질도 이웃을 위해서 쓸 수 있도록 많은 은혜를 내려 주셔서 주신 은혜를 재테크하듯이 이웃들을 위해서 쓸 수 있는 능력을 주옵소서.
물질이 없어서 범죄하지 않도록 풍성함을 주시고 언제나 나눌 수 있는 능력을 주시어서 주님이 공급하심처럼 나눔을 실천하는 아기가 되게 하여 주옵소서.

또한 아가가 나눔도 재능이오니 천성이 남에게 주는 것을 좋아하게 하시고, 덕을 베풂이 으뜸이 되게 하시며 부모에게도 효를 다할 줄 아는 자녀가 되도록 엄마의 뱃속 환경을 조성하여 주옵소서.

간구하기는 태중의 태아가 기형아가 되는 일이 없게 하시고, 하나님의 형상을 온전히 덧입고, 날마다 주님의 은혜를 새롭게 경험하게 하여 주옵소서.

이뿐만 아니라 태아가 하나님의 사랑으로 신경세포를 모두 잘 갖추게 하시고 신진대사가 활발히 진행되게 하여서 아름답게 조성되게 하여 주옵소서.

또한 산모에게도 필요한 음식을 골고루 먹게 하시고, 적절한 운동을 하여서 태아가 건강하고 균형 잡힌 모습으로 성장하도록 은혜를 베풀어 주옵소서.

체중 증가로 인하여 갑작스런 다리의 통증이 있습니다. 하나님께서 다리의 통증도 사라지게 하시고 걸어가도 피곤치 않도록 보살펴 주시옵소서.

혹 산모가 빈혈이 있을까 염려가 되오니 빈혈이 없게 산모의 건강을 축복하여 주시고 태아 또한 건강하도록 보살펴주옵소서.
태아가 지금처럼 잘 움직이게 하여 주시고, 영양도 잘 공급받게 하시며, 성장하는 과정마다 간섭하여 주시어서 주님 정하신 그 때에 자연분만으로 잘 출산할 수 있도록 예비하여 주실 것을 믿습니다.
태아를 기다리며 기도하는 모든 가족과 친척과 교회 가족들과 함께 하여 주시고, 축복받은 아이가 되게 하여 주시기를 간절히 바랍니다.
예수님의 이름으로 기도드립니다. 아멘

27일 산을 향하여 눈을 들게 하소서

"여호와는 나의 힘이요 노래시며 나의 구원이시로다 그는 나의 하나님이시니 내가 그를 찬송할 것이요 내 아비의 하나님이시니 내가 그를 높이리로다"(출 15:2)

엄마와 아가의 대화

듣고 있니 아가야?

사랑스런 아가야!
우리 하나님께 일평생 남을 돕는 사람이 되게 해 달라고 기도하자.
영국에 찬송가 작가인 존 뉴턴이라는 목사님이 있었단다.
뉴턴 목사님은 엄마가 좋아하는 찬송가 '나 같은 죄인 살리신' 이라는 곡을 작사한 분이란다. 한번 들어 볼래?
"나 같은 죄인 살리신 주 은혜 놀라와
잃었던 생명 찾았고 광명을 얻었네"
뉴턴 목사님이 이런 말을 했단다.
"내가 만일에 천국에 가게 되면 틀림없이 깜짝 놀

랄 일이 세 가지가 있습니다. 하나는 그 사람은 틀림없이 천국에 와 있으리라고 했는데 가보니까 없는 사람이고, 또 하나는 저 사람은 안 왔으면 하고 생각했는데 가서 보니까 있는 사람이고, 마지막은 아무리 생각해도 나는 구원받을 만한 사람이 못되는데 내 자신이 천국에 있는 것을 보고 깜짝 놀라는 일입니다."
우리는 날마다 하나님의 은혜로 사는 사람이니까 다른 사람들을 돕는 사람이 되어야 한단다. 말을 할 때도 따뜻한 말을 하고, 사람들에게 인정을 베푸는 사람이 되어야 한단다.
예수님은 우리에게 말씀하셨지.
"주는 자가 복이 있다"(행 20:8).
우리 아가도 이 다음에 어른이 되어서 주는 사람이 되어야 한다.
한번 따라서 해 볼래?
주는 자가 복이 있다.
참 잘했어요.
꼭 주는 자가 되어라.
사랑한다. 우리 예쁜 아가야!

 ## 27일 태아를 위한 태교 기도

사랑의 하나님!
하나님께서 태아를 지켜 주시고 인도해 주시니 감사합니다. 엄마에게도 빈혈이 없게 하시고 영양이 풍부한 음식을 먹을 수 있도록 입맛도 주옵소서.
능력의 하나님!
엄마가 산부인과에서 정기검진을 받을 때도 지켜 주시고, 임신 기간 동안에 좋은 자세도 주시어서 허리도 안 아프게 하여 주옵소서. 엄마의 마음속에 좋은 생각과 마음을 주셔서 건강한 태교가 되게 하시고 하나님께 영광이 되게 하여 주옵소서. 또한 아기가 언제 어디서나 주님의 축복을 받는 자녀가 되게 하시고 순결하게 저희 태아를 지켜 주옵소서.
태아의 얼굴이 하늘처럼 밝고 바다처럼 매력 있게 해 주시고, 재능도 허락하셔서 하나님이 주신 최고의 성품과 지혜를 가지고 태어날 수 있도록 도와주옵소서.
엄마의 뱃속에서 양수도 적당히 증가하게 하여서 양수 속에서 태아가 활발하게 움직이고, 그 움직임이 우리 부부의 기쁨이 되게 하여 주옵소서.
조금씩 커 가는 머리도 몸과 그 비율을 잘 이루어 자라게 하시고, 아기의 피하지방이 고르게 자리 잡고, 심장도 그 형태를 잘 갖추어 힘차게 뛰어 태아의 혈액순환과 공급, 호흡과 활동을 잘 지원할 수 있도록 도와주옵소서. 신경세포와 관절, 마디 하나하나의 움직임을 도우시고, 신경과 세포 사이의 연결이 잘 되어서, 근육을 수축할 때나 이완할 때, 자극이 생길 때에도 팔다리가 관절을 중심으로 잘 움직여 몸을 보호하고, 튼튼하게 하여 주옵소서.
지금은 뱃속의 태아가 폐 속의 혈관이 발달하며, 바깥 소리에 더욱 민감해지는 시기입니다. 이때는 태교가 가장 필요한 시기로 늘 주변의 환경을 깨끗하고 맑게 하며, 아름답고 좋은 생각과 좋은 음악을 가까이 할 수 있도록 인도해 주시옵소서.
주님으로부터 은혜를 베풀고 주는 자 되게 하시어서 나눔을 통해서 더욱 부한 자녀가 되게 하여 주옵소서. 오늘도 엄마와 태아에게 건강을 주시고 하나님께 기쁨이 되는 하루가 되게 하여 주시옵소서.
예수님의 이름으로 기도드립니다. 아멘

28일  행복한 가정의 복을 주소서

"내가 여호와의 의를 따라 감사함이여 지극히 높으신 여호와의 이름을 찬양하리로다"(시 7:17)

엄마와 아가의 대화

듣고 있니 아가야?

사랑하는 우리 아가야!
깊고 튼튼한 신앙을 달라고 기도하자.
미국에 돈이 많은 록펠러(John D. Rockefeller)라는 사람이 있었단다.
록펠러가 돈을 제일 많이 벌 수 있었던 것은 하나님의 말씀을 사랑했기 때문이란다. 그의 어머니가 록펠러에게 열 가지만 잘 지키며 실천한다면 부자가 될 수 있다고 말했단다. 한번 들어 볼까?

1. 하나님을 친아버지 이상으로 섬겨라.
2. 목사님을 하나님 다음으로 섬겨라.
3. 주일예배는 본 교회에서 드려라.
4. 오른쪽 주머니는 항상 십일조 주머니로 하라.

5. 아무도 원수로 만들지 말라.
6. 아침에 목표를 세우고 기도하라.
7. 잠자리에 들기 전 하루를 반성하고 기도하라.
8. 아침에는 꼭 하나님의 말씀을 읽어라.
9. 남을 도울 수 있으면 힘껏 도우라.
10. 예배 시간에 항상 앞에 앉으라.

이렇게 어머니의 말씀을 실천한 록펠러는 큰 부자가 되었단다.

"어머니의 말씀대로 내가 다 행하리이다 하니라"(룻 3:5). 아멘.

엄마와 아빠도 그렇게 하려고 지금 노력하고 있단다. 우리는 돈을 많이 벌어서 어려운 이웃들을 도와주어야 한다. 그래서 하나님은 이렇게 말씀하셨단다.

"각양 좋은 은사와 온전한 선물이 다 위로부터 빛들의 아버지께로부터 내려온다." 그러므로 "거저 받았으니 거저 나누어 주어라."

우리 아가도 주는 사람 되어서 나누는 신앙인이 꼭 되어야 한다.

엄마와 약속하자.

 28일   태아를 위한 태교 기도

은혜와 사랑의 아버지!
우리에게 하나님의 사랑의 결정체 태아를 보내 주심을 진심으로 감사드립니다. 하나님께서 맡겨 주신 생명이 지금 엄마의 뱃속에서 건강하도록 지켜 주시기 원합니다.

"대저 여호와는 지혜를 주시며 지식과 명철을 그 입에서 내심이며"라고 말씀하셨습니다. 하나님의 지혜가 태아 안에 거할 수 있도록 안전하고 좋은 환경을 만들어 주옵소서. 엄마에게도 건강을 주옵소서. 규칙적인 생활을 하게 하시고 마음을 평온케 하셔서 스트레스를 받지 않도록 지켜 주옵소서.

우리 사랑하는 태아를 위하여 더 열심히 기도하게 하시고, 감사하는 마음을 가지고 살 수 있도록 항상 지켜 주옵소서.

저희 부부가 하나님께 바라는 것은 태아가 균형 있게 성장할 수 있도록 악한 병원균이 침투하지 못하도록 지켜주옵소서. 태아가 엄마와 사랑의 교감을 통해서 온전하게 하시고 정서적으로 안정을 찾아서 성품과 성격이 아름답게 조성되게 하여 주옵소서.
저희들이 구하기는 태아가 항상 주님을 경외하게
하시고 하나님의 뜻을 알아가는 귀한 주님의 사람
으로 자라나게 하여 주옵소서.

지금 이 시기에 주님께서 태아를 주장해 주시어서
세상적 지식과 실력을 쌓는 단순한 머리가 좋은 아
이보다는 모든 상황들 속에서도 지혜롭게 어려움을
극복하는 솔로몬과 같은 지혜를 주시고 여호수아와
갈렙과 같은 담대함과 용기를 허락하여 주셔서 주
님의 사람으로서의 그 역할을 감당할 수 있도록 인
도하여 주옵소서. 앞으로 열릴 세상을 향하여서 희
망과 건강과 도전이 있는 아이로 인도하시길 간절
히 소망합니다.

사랑이 많으신 하나님 아버지!

저희 부부가 기도하오니 아가와 함께 저희 가족들
의 기도를 들어 주시고 은총으로 감싸 주옵소서.
항상 기뻐하라. 쉬지 말고 기도하라. 범사에 감사
하라고 말씀처럼 하나님의 말씀대로 이루어 주옵소
서. 매사에 칭찬 듣는 사람이 되게 하여 주옵소서.
예수님의 이름으로 기도합니다. 아멘

29일 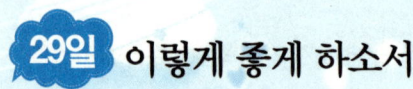 이렇게 좋게 하소서

"내가 하나님을 의지하여 그 말씀을 찬송하며 여호와를 의지하여 그 말씀을 찬송하리이다"(시 56:10)

엄마와 아가의 대화

듣고 있니 아가야?

사랑하는 우리 아가야!
오늘은 성자 어거스틴(St. Augustine)에 대해서 말하려고 그래. 잘 들어봐.
성 어거스틴은 젊어서 매우 방탕하던 사람이었단다. 그래서 어머니 모니카는 날마다 하나님께 기도했지만 돌아오지 않자 자기 교회의 암브로스(Ambros) 목사님에게 울면서 호소하였단다.
"목사님! 제 아들 어거스틴을 하나님께서는 영원히 버리시나 봅니다. 제가 아무리 애타게 이렇게 오래 기도해도 하나님은 저의 기도를 들어주시지 않나 봅니다. 제가 아들이 하나님께 돌아오기를 위하여 10여년을 하루같이 기도하였습니다. 그러나 아무런 변화가 없고 오히려 더 한 것 같습니다."
그러면서 한참을 울었단다.
이때 암부로스 목사님이 이렇게 말씀하셨단다
"어머니! 너무 염려하지 마세요. 낙심하지 마세요. 눈물로 기도하는 어머니가 있는 아들은 결단코 망하지 않을 것입니다. 계속 기도하세요. 기도의 자식은 망하는 법이 없습니다."
어머니의 이런 기도로 어거스틴은 예수를 믿고 회개한 다음 참회록을 써서 많은 사람들에게 감명을 주었지. 또한 '신국론(The City of God)'이라는 불후의 명작을 남겼단다.
그가 예수님으로 말미암아 새 사람이 된 다음, 옛날에 하나님께 죄를 많이 지을 때에 자주 다니던 골목을 지나게 되었는데. 그때 나쁜 사람들이 "선생님, 오랜만입니다. 왜 그동안 안 보였어요? 잠깐 쉬었다 가세요."라고 그를 불렀어. 전에 알고 있던 술집 아가씨가 반색을 하며 뛰어나온 거란다. 그때 어거스틴이 "당신이 사람을 잘못 보았소. 당신이 전에 부르던 어거스틴은 이미 죽었고, 지금의 어거스틴은 예수님과 함께 사는 어거스틴이오." 하고 지나

갔단다. 이렇게 어거스틴은 하나님의 말씀으로 말미암아 큰 은혜를 받고, 옛날의 방탕했던 생활을 깨끗이 청산하고 새사람이 되었단다.
예쁜 아가야,
우리가 하나님의 말씀을 따르고, 살면 그 말씀이 능력이 된단다.
어거스틴이 이렇게 사니까 사람들은 그를 성자라고 불렀단다.
재미있지?
우리 가족이 이런 믿음을 가지고 살아서 예수님을 기쁘시게 하는 가정이 되도록 엄마는 기도한다.
우리 아가도 이렇게 기도해 주겠니?

 **29일** 태아를 위한 태교 기도

거룩하시고 전능하신 하나님 아버지!
경배와 찬양을 드립니다.
주님께서 우리 가정을 축복하여 주시고 인도하여 주시니 감사를 드립니다.
또한 저희에게 아이를 기업으로 얻게 하여 주심을 감사합니다.
"여호와 하나님을 경외하는 자에게 복을 주시되 자손이 번창하고 끊이지 않으며 천대까지 이르러 복을 주시겠다고 약속하셨사오니".
이 말씀처럼 복에 복을 더하여 주옵소서. 엄마의 뱃속에 있는 태아가 평생에 주님을 잘 섬기는 하나님의 자녀로 성장하게 하여 주옵소서.
이제 때가 되어 출산하려고 할 때에 주님이 손을 잡아 주셔서 두렵지 않게 하시고 순산할 수 있도록 인도하여 주옵소서. 무엇보다도 산모의 마음에 평강을 허락하여 주시고 함께하는 의료진들에게도 하나님의 은혜가 함께 하시어서 태어날 아이로 하여금 우리 가정이 더욱더 하나님을 기쁘시게 하는 가정이 되게 하여 주옵소서.
하나님의 능하신 팔로 엄마를 지키시며 태중의 아기를 건강하게 보호하여 주시어서 날마다 하나님의 사랑 가운데서 신체기관이 건강하게 성장하도록 도와주옵소서.
특히 지금은 태아의 시각과 청각이 발달하고, 엄마와 감정을 함께 느끼는 시기입니다. 이 일로 인하여 엄마가 느끼는 태동이 점점 심해지고 혈압이 올라가는 시기이오니 엄마의 건강이 좋아지게 하여 주옵소서.
태아에게 필요한 영양을 위해 골고루 잘 먹고 평안히 자고 깰 수 있게 하여 주시며, 활력 있는 생활을 하고 규칙적으로 운동을 할 때 태중의 아기를 강건하게 보살펴 주옵소서.
신실하신 하나님 아버지!
아기가 저의 목소리를 알아듣고 제가 배를 두드린 곳을 발로 차서 알아들었다는 신호를 보내며 반응을 보이도록 잘 자라게 하여 주심을 감사합니다.
복중의 태아로 인하여 하나님의 사랑과 은혜가 저희 가정에 넘치게 하시며 출산하기까지 하나님의 도우심과 간섭하심이 늘 엄마와 아기에게 함께 있기를 간절히 소망합니다.
세상에 태어나서 욕구를 조절하지 못하여 우발적인 잘못을 범하는 일이 없도록 저희 아이를 도와주시고 본능에 따라서 살지 않도록 하시며 겸손함으로 하나님을 신뢰하고 언제나 기도하면서 부족한 부분을 이루면서 살게 하여 주옵소서.
저희 아기가 먼저 영혼의 양식을 소중하게 여기게 하시고 그 다음 육신의 양식을 생각하는 아이가 되게 하여 주시며 욕구를 잘 조절할 수 있는 지혜를 주옵소서.
생명을 보호하시는 예수님의 이름으로 기도합니다. 아멘

30일 찾아서 감사하게 하소서

"주의 백성을 구원하시며 주의 산업에 복을 주시고 또 저희의 목자가 되사 영원토록 드십소서"(시 28:9)

 엄마와 아가의 대화

듣고 있니 아가야?

우리 예쁜 아가야!
신선한 외모를 주시어서 누구에게나 사랑받는 사람이 되게 해 달라고 기도하자.
이스라엘 지도자 가운데 모세라는 사람이 있었단다. 모세는 아기로 태어나자 바로 왕이 죽이려고 했단다. 애굽 군인들은 아이가 우는 소리만 들리면 그 집에 들어가 남자 아이면 사정없이 빼앗아 갔단다. 어머니들이 살려 달라고 애원했지만 아무런 소용이 없었단다. 그런 상황 속에서도 용감하게 아이를 숨겨서 키우는 집이 있었어. 바로 아므람과 요게벳 부부였지. 3개월 동안이나 숨겨서 키웠어요. 그런데 더 이상 숨겨서 키우는 것이 불가능해졌다고 생각한 어머니 요게벳은 갈대 상자를 만들어서 이 아이를 상자에 담고는 나일 강물 위에 띄워 보내며 하나님께 맡겼단다.

그때 나일 강 물가에 목욕을 하러 나온 바로의 공주가 멀리서 들리는 아기 울음소리를 듣고 "얘들아! 어디서 아이의 울음소리가 나는지 가서 확인해 보고 오너라."고 했지. 시녀들은 공주의 명령을 따라서 소리가 나는 곳으로 갔단다. 조금 후에 시녀들은 갈대상자 하나를 가지고 와서 아기를 공주에게 보여 주었지. 아기는 공주를 보고 더욱 더 큰 소리로 울기 시작했단다. 어쩔 줄 몰라 하는 공주를 멀리서 보고 있던 미리암이 뛰어나가서 "공주님! 이 아이가 지금 젖이 먹고 싶어서 그렇습니다. 제가 가서 이스라엘 여인 중에 젖을 먹일 수 있는 유모를 구해다 드릴까요?" 공주님은 기쁘게 허락했단다.

이렇게 해서 위대한 모세가 궁중에서 교육을 받고 이스라엘 민족의 지도자가 되었단다. 하나님의 섭리가 놀랍지?

그분이 우리 하나님이란다.

하나님 감사해요. 이렇게 말하자.

 ## 30일 태아를 위한 태교 기도

모든 생명의 창조주 되시는 하나님 아버지!
우리 가정에 귀한 새 생명을 주심을 감사드립니다.
사랑의 하나님께서 생명을 허락하신 것은 하나님의 섭리인 줄 믿습니다.

태아가 엄마의 복중에 있는 동안, 하나님의 뜻하신 대로 건강하게 잘 자라게 하시고 생명을 잉태한 부모에게 은혜를 더하여 주옵소서. 또한 태아가 말씀을 사모하며 아름다운 뜻을 품어 선한 성품을 가진 아이가 되게 하여 주옵소서. "여호와를 자기 하나님으로 삼는 백성은 복이 있도다"라고 하였사오니 우리 온 가정이 하나님만 섬기게 하시고 축복으로 은혜를 날마다 내려 주옵소서. 우리 가정을 가난하게도 마옵시고, 부하게도 마옵시고 오직 필요한 양식으로 채워 주옵소서.

저희 부부가 사람끼리 하는 약속은 물론 믿음을 지키는 사람이 되게 하시고, 이웃을 무시하지 않는 자세로 헌신하는 마음을 주시고, 엄마의 뱃속의 아이에게도 물질보다 하나님을 더 사랑하게 하고 진리 안에서 더욱더 믿음을 지킴으로 존경과 사랑을 받는 자녀가 되게 하여 주옵소서.

더욱이 바라기는 저희 자녀가 이웃을 무시하는 일이 없도록 하시고, 남을 위하여 봉사하며, 배려하는 마음을 가지되 지나치게 이웃을 의존하는 마음이 생기지 않도록 지켜 주옵소서.

평생 하나님께 한 약속을 지키면서 성실하게 살아서 하나님을 찬양하는 생활이 되게 하여 주옵소서. 저희 부부가 아가를 위해서 기도하듯이 엄마의 뱃속에 있는 아가도 언제 어디서든지 남을 축복하는 사람이 되게 하여 주옵소서. 언제나 남을 위하여 기도하고 봉사하는 사람이 되게 하옵소서.

권능의 하나님 아버지!

아기가 바르게 자라도록 산모가 필요한 음식을 골고루 먹게 하시고 적절한 운동을 하되 주님께서 도와주시어서 아이가 건강하고 균형 잡힌 모습으로 성장하도록 은혜를 베풀어주시고 뱃속의 아기가 마음이 건강하고 균형을 잘 잡아서 아름다운 성격을 소유한 아기가 되게 하여 주옵소서.

예수님의 이름으로 기도합니다. 아멘

31일 호흡이 있는 자마다 여호와를 찬양하게 하소서

"나는 선한 목자라 내가 내 양을 알고 양도 나를 아는 것이 아버지께서 나를 아시고 내가 아버지를 아는 것 같으니 나는 양을 위하여 목숨을 버리노라"(요 10:14)

엄마와 아가의 대화

듣고 있니 아가야?

사랑하는 우리 아가야!
오늘은 좋은 감성과 재능을 가진 아이가 되게 해달라고 기도하자.
엄마, 아빠는 우리 예쁜 아기가 지능, 감성, 예능, 건강을 가진 아이가 되었으면 좋겠단다. 언제나 구하면 기도한 대로 좋은 것을 주신 하나님께 엄마와 함께 이렇게 기도하면 좋겠구나.
창조의 하나님!
이목구비, 오장육부가 뚜렷하고 균형 있게 태어나게 해 주세요. 성령 충만한 아이가 되도록 축복해 주세요. 부모님께 효도하는 아이가 되게 해 주세요. 하나님을 경외하는 아이가 되게 해 주세요. 지혜롭고 총명한 아이가 되게 해 주세요. 하나님과 사람에게 존귀하게 쓰임 받게 해 주세요. 공부도 잘하도록 해 주세요.

사랑의 하나님!

지금까지 주의 크신 은혜로 보호하여 주셨사오니 감사해요. 해산의 마지막 순간까지도 끝없는 사랑을 부어주시고, 순산의 은혜를 허락해 주세요.

"아기가 자라며 강하여지고 지혜가 충족하며 하나님의 은혜가 그 위에 있더라"(눅2:40). 이 말씀처럼 되게 하여 주세요. "오직 주께서 나를 모태에서 나오게 하시고 내 모친의 젖을 먹을 때에 의지하게 하셨나이다. 내가 날 때부터 주께 맡긴바 되었고 모태에서 나올 때부터 주는 내 하나님이 되셨사오니"(시22:9-10) 이 고백이 우리의 고백이 되게 해 주세요. 태아에게도 새로운 세상으로 나아갈 수 있는 담대함을 허락해 주세요.

우리 주 예수 그리스도의 이름으로 기도합니다. 아멘. 이렇게 기도하면 하나님은 우리가 구하는 가장 좋은 것으로 주신단다. 사랑한다. 우리 아가야!

 31일 태아를 위한 태교 기도

지혜의 근원이신 하나님 아버지!
이제 주님께서 주신 태아가 뱃속에서 뇌세포가 생기고 활발하게 만들어지는 시기입니다. 무엇보다 태아가 엄마의 뱃속에서부터 하나님을 알고 섬기는 지혜와 명철을 주시고, 정확한 인식과 분별을 할 수 있는 성품도 주옵소서. 그리하여 세상을 바르게 살 수 있도록 인도하여 주셔서 태아가 언제나 자신의 능력과 처지를 바로 알게 하시고, 자기 안에 부족한 부분들이 신앙을 통해 그 역할을 잘 감당할 수 있는 지혜로운 아이가 되도록 역사하여 주옵소서.
간절히 바라기는 이 시간 주님께서 저희 태아에게 어리석음이 없게 하시고, 솔로몬의 지혜가 주어지도록 축복하여 주옵소서. 또한 저희 태아에게 지혜와 명철로 옷을 입혀 주시어서 좋은 생각과 밝은 정신으로 성품이 조성되게 하시어서 엄마의 뱃속에서 건강하게 자라게 해 주옵소서.
산모가 필요한 음식을 골고루 먹게 하시며, 적절한 운동을 하되 주님께서 도와주셔서 아이가 건강하고 균형 잡힌 모습으로 성장하도록 은혜를 베풀어 주옵소서. 이 일을 통해서 날마다 하나님을 의지하면서 그 사랑의 신비를 체험케 하여 주시옵소서.
사랑의 하나님 아버지!
지금은 태아의 뇌가 가장 크게 발달하며, 태아의 표정이 상당히 풍부해지는 시기입니다. 예비 엄마로서의 초기 증상으로 가슴이 커지는 신체적인 변화에 적응할 수 있도록 힘도 주시며, 산모의 건강을 스스로 잘 관리할 수 있는 마음도 주옵소서.
태아를 잉태한 엄마의 건강을 지켜 주시고 영양분을 잘 섭취할 수 있도록 신체 각 부분을 만져 주시고 치유하여 주옵소서. 연약하여 복중의 태아의 건강을 해치지 않도록 도와주시며 평안히 자고 깰 수 있도록 모든 생체 리듬을 주관하여 주옵소서.
우리 가족 모두가 복중의 태아와 엄마의 건강을 놓고 사랑으로 협력하며 기도하고 있습니다. 성령 하나님께서 날마다 동행하며 그리스도의 향기를 드러내는 삶을 살게 하여 주옵소서.
지혜의 근원이신 예수님의 이름으로 기도합니다.
아멘

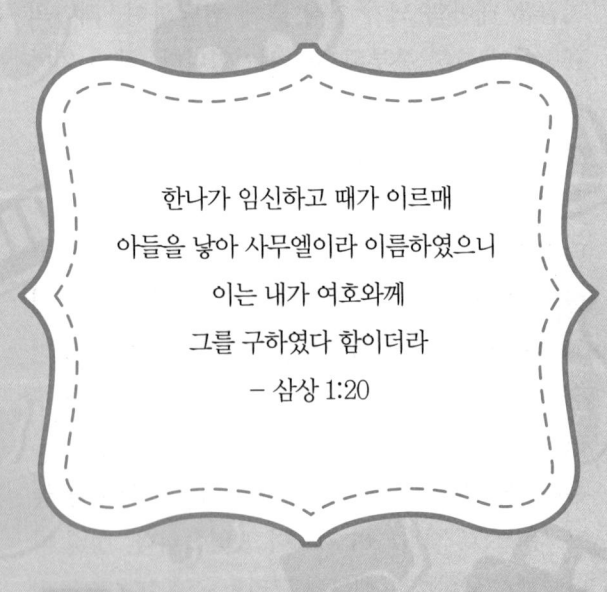

한나가 임신하고 때가 이르매
아들을 낳아 사무엘이라 이름하였으니
이는 내가 여호와께
그를 구하였다 함이더라
- 삼상 1:20

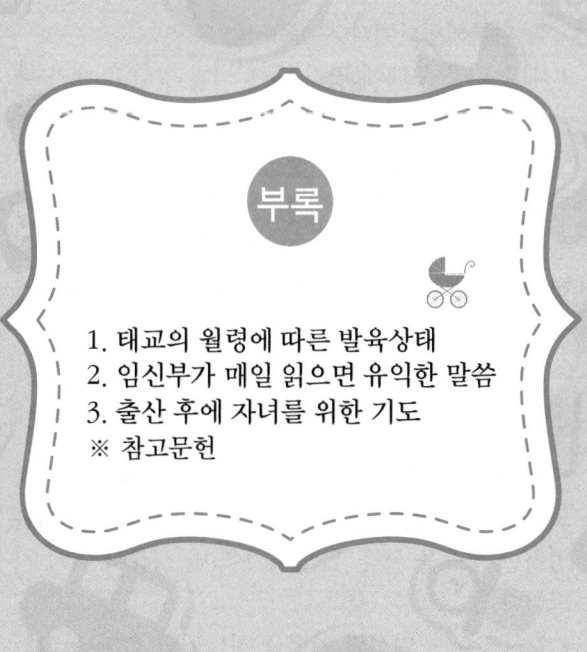

부록

1. 태교의 월령에 따른 발육상태
2. 임신부가 매일 읽으면 유익한 말씀
3. 출산 후에 자녀를 위한 기도
※ 참고문헌

1. 태교의 월령에 따른 발육상태

성경에는 태교의 시기를 다음과 같이 말한다.
- 내 형질이 이루어지기 전에 주의 눈이 보셨으며 나를 위하여 정한 날이 하루도 되기 전에 주의 책에 다 기록되었나이다(시 139: 16)
- 내가 너를 모태에 짓기 전에 너를 알았고 네가 배에서 나오기 전에 너를 성별하였고 너를 여러 나라의 선지자로 세웠노라(렘 1:5)

태아의 발육은 개인차에 따라서 임산부에게 나타나는 반응은 다르다. 그렇지만 대부분 임신 출산에 관한 책을 참고하면 다음과 같은 태아의 발육 상태가 나타난다.[1]

임신 1개월 – 태아의 발육상태

수정이 되는 것은 최종 월경일의 첫날부터 2주간 정도 후로 수정란은 즉시 세포 분열을 시작하며 계속 엄청난 성숙을 한다. 28일째가 되면 심장이 뛰기 시작한다.
- 임신 1주 – 임신의 기쁨을 하나님과 함께 누리는 축복

---

[1] 「임신, 출산 육아백과, 태교 아카데미, 박문일 교수의 태교닷컴에서 임산부의 신체 변화와 태아의 성장 발달을 참조.

- 임신 2주 – 임신의 기쁨을 가지고 하나님과 함께 가라
- 임신 3주 – 수정란이 세포분열을 한다
- 임신 4주 – 태아의 신경관이 생긴다

임신 2개월 – 태아의 발육상태

뇌의 신경 기능이 조직화되어 뇌파 검사도 할 수 있고 태아의 눈, 코, 입과 함께 각 장기의 기초와 잇몸이 형성되며 손가락과 발가락이 발달하나 뚜렷하게 구분되지는 않는다. 이때부터 태아는 모체의 자궁에서 자유롭게 수영도 할 수 있게 된다. 둘째 달 말경엔 완전한 뇌를 갖게 된다.
- 임신 5주 – 뇌와 척추가 형성된다
- 임신 6주 – 뇌의 발달이 활발해진다
- 임신 7주 – 태아의 심장이 형성된다
- 임신 8주 – 팔다리가 세분화된다

임신 3개월 – 태아의 발육상태

손가락과 발가락의 모양이 뚜렷해지고 손과 발의 손톱과 발톱이 보이며 성기가 발달하여 외견상으로도 구분이 가능하며 몸의 조직이 성인과 거의 같아진다. 체형도 더욱 길어져 2등신에서 3등신으로 발달한다. 잠자고 깨는 일을 시작하고 그 주기가 일정

해진다. 13주기가 되면 태아는 자신의 손가락을 빨기도 하며 엄마와의 적응기를 마치며 태교를 시작할 시기가 된다.

- 임신 9주 – 손가락 발가락이 분리된다
- 임신 10주 – 태아의 생식기가 형성된다
- 임신 11주 – 태아가 급속도로 성장한다
- 임신 12주 – 태아가 두 배 정도 자란다

임신 4개월 – 태아의 발육상태

심장이 완성되어 힘차게 펌프질을 하며 간과 위, 장 등이 활발히 운행을 한다. 태반 역시 완전히 완성이 되고 제대를 통해 산소와 탄산가스의 교환이 이루어지며 영양 공급과 노폐물의 처리 과정이 확실히 구분되어 행해지고 태아의 성별이 확실해진다. 피부가 두터워지고 몸에 솜털이 듬성듬성 자라나기 시작한다. 손과 발을 자유자재로 움직이며 왕성한 활동을 하고 하품도 한다.

- 임신 13주 – 태아의 얼굴이 완전한 형태를 갖춘다
- 임신 14주 – 태아의 성별 구별이 가능해진다
- 임신 15주 – 태반이 완성된다
- 임신 16주 – 근육과 골격이 더욱 단단해진다

임신 5개월 – 태아의 발육상태

태아의 모양은 완전한 사람 모양이지만 머리가 상대적으로 크며 불균형 상태이다. 태아는 엄마의 배를 발로 자주차고 빙글빙글 돌기도 하고, 엉덩이를 움직이기도 하며 딸꾹질도 한다. 태아의 위치변화도 다양해진다. 탯줄이 아직은 굵지 않고 길지 않아 빙글빙글 도는 일은 많지 않다. 신진대사가 활발히 진행되고 피부가 옅으며 지방이 붙기도 하지만 피하지방은 매우 적다. 얼굴의 생김새가 매우 뚜렷해진다. 안구의 움직임이 뚜렷해지고 눈꺼풀이 움직이는 것을 확인할 수 있다. 가끔 표정관리도 한다.

- 임신 17주 – 피하지방이 생긴다
- 임신 18주 – 심장의 움직임이 활발해진다
- 임신 19주 – 뇌가 가장 크게 발달한다
- 임신 20주 – 감각 기관이 크게 발달한다

임신 6개월 – 태아의 발육상태

대뇌에서는 주름이 잡히기 시작하고 간뇌도 뚜렷하게 활동을 시작하여 신경반사가 만들어져 가고 자율신경의 활동도 시작된다. 원시적인 감정이 싹트기 시작하며 눈, 귀, 피부의 감각도 더욱 발달하여 예민해지고 감정을 밖으로 표출하기도 한다. 태아의 피부는 장밋빛으로 아직은 주름투성이다. 양수를 마시며 하품도 크게 한다.
- 임신 21주 – 태아의 소화 기관이 발달한다
- 임신 22주 – 태아의 골격이 완전히 잡힌다
- 임신 23주 – 신생아의 모습과 비슷해진다
- 임신 24주 – 소리에 더욱 민감해진다

임신 7개월 – 태아의 발육상태

아기의 얼굴 윤곽이 뚜렷해지고 눈을 떠 사물을 볼 수 있게 된다. 아기가 필요로 하는 오감을 완전하게 가지게 되며 근육이 단단해지고 수면과 각성이 분명하게 된다. 어머니가 공복 시에는 자신의 손을 빨거나 입을 벌려 무언가를 요구한다. 눈은 빛에 대해 예민하게 반응하고 동공 반사가 나타난다. 평소에 부모나 다른 사람들이 하는 말과 주의의 소리 등 각종 수음들을 명확하게 구분할 수 있게 되고 아기의 생활리듬이 어머니의 생활리듬에 맞춰지게 된다. 어머니가 심하게 움직이면 아기는 가만히 있다가 어머니가 조용해지면 아기는 움직인다. 아기의 위치는 이 시기에 정해진다. 조산일 경우 모체 밖에서의 발육은 가능하지만 생존 가능성은 매우 희박하다.
- 임신 25주 – 태아 피부가 불투명해진다
- 임신 26주 – 폐 속에서 폐포가 발달한다
- 임신 27주 – 태동이 심해진다

- 임신 28주 – 뇌 조직이 발달한다

임신 8개월 – 태아의 발육상태

태아의 몸은 10개월의 태아와 거의 같은 모양을 하고 있으나 만삭의 태아에 비교할 때 신장이나 체중이 미달된다. 피부의 주름이 줄어들고 피하 지방도 붙기 시작하여 통통한 모습을 갖게 되고 머리카락이나 손톱도 나게 된다. 하루에 약 2컵 정도의 양수를 마시고 비슷한 양의 소변을 보게 된다. 청각이 완성되고 외부의 자극에 분명한 반응을 보인다. 자신의 감정을 얼굴 표정으로 나타내기도 하고 손을 빨기도 하며 규칙적인 행동을 나타내고 식후에도 활발한 심호흡 운동을 한다.

- 임신 제 29주 – 태아가 빛을 감지한다.
- 임신 제 30주 – 생식기 구분이 뚜렷해진다.
- 임신 제 31주 – 폐와 소화 기관이 완성된다
- 임신 제 32주 – 태아의 움직임이 둔해진다

임신 9개월 – 태아의 발육상태

머리카락이 2~3cm 정도 자라 있고 폐 기능도 완전해지고 호흡운동과 입 운동을 신생아와 거의 흡사하다. 모체로부터 태반을 통하여 면약이 전달된다. 움직임이 적어지고 차분한 느낌을 가지며 잘 움직이지 않는다.
임신 33주 – 양수를 마시며 호흡한다
임신 34주 – 머리가 자궁 쪽으로 향한다
임신 35주 – 자궁저가 최고조에 달한다
임신 36주 – 신체 기관이 거의 다 자란다

임신 10개월 – 태아의 발육상태

태아는 자궁 밖에서도 성숙할 수 있도록 거의 다 자랐고 모체로부터의 나올 준비를 한다. 자극에 민감하게 반응한다. 머리를 아래로 향한 자세가 되나 일부는 옆으로 눕거나 머리가 위를 향하는 경우도 있다. 아기는 매우 릴렉스(relax)한 상태도 조용하게 지낸다. 어머니의 태속에서 아기는 자신의 우뇌로 해야 할 일들을 어머니의 뇌로부터 읽어내고 만반의 준비를 한다.

- 임신 37주 – 체중이 계속 증가한다
- 임신 38주 – 골반 뼈가 태아를 에워싼다
- 임신 39주 – 폐나 심장 등이 완성된다
- 임신 40주 – 출산이 시작된다

아기가 자라며 강하여지고 지혜가 충족하며
하나님의 은혜가 그 위에 있더라(눅 2:40)

2. 임신부가 매일 읽으면 유익한 말씀

※ 아래의 성경을 먼저 읽고 말씀 묵상의 기록 내용을 생각하면서 기도하면 태아에게 유익할 것이다.

 1일 사람을 지으신 하나님

　　창세기 1:26-31

하나님이 이르시되 우리의 형상을 따라 우리의 모양대로 우리가 사람을 만들고 그들로 바다의 물고기와 하늘의 새와 가축과 온 땅과 땅에 기는 모든 것을 다스리게 하자 하시고 하나님이 자기 형상 곧 하나님의 형상대로 사람을 창조하시되 남자와 여자를 창조하시고 하나님이 그들에게 복을 주시며 하나님이 그들에게 이르시되 생육하고 번성하여 땅에 충만하라. 땅을 정복하라, 바다의 물고기와 하늘의 새와 땅에 움직이는 모든 생물을 다스리라 하시니라. 하나님이 이르시되 내가 온 지면의 씨 맺는 모든 채소와 씨가 진 열매 맺는 모든 나무를 너희에게 주노니 너희의 먹을거리가 되리라. 또 땅의 모든 짐승과 하늘의 모든 새와 생명이 있어 땅에 기는 모든 것에게는 내가 모든 푸른 풀을 먹을거리로 주노라 하시니 그대로 되니라. 하나님이 지으신 그 모든 것을 보시니 보시기에 심히 좋았더라. 저녁이 되고 아침이 되니 이는 여섯째 날이니라.

■ 말씀 묵상

- 하나님은 어떤 분이신가?
- 하나님은 우주를 만물을 만드시고 우리 사람을 만드신 분이시다. 그리고 우리에게 세상 만물을 다스리는 권세를 주셨다.

 ## 2일 생명을 주시는 하나님
창세기 2:7-9

 여호와 하나님이 땅의 흙으로 사람을 지으시고 생기를 그 코에 불어넣으시니 사람이 생령이 되니라 여호와 하나님이 동방의 에덴에 동산을 창설하시고 그 지으신 사람을 거기 두시니라 여호와 하나님이 그 땅에서 보기에 아름답고 먹기에 좋은 나무가 나게 하시니 동산 가운데에는 생명나무와 선악을 알게 하는 나무도 있더라.

■ 말씀 묵상

- 하나님은 어떤 분이신가?

● 우리에게 생명을 주신 분은 하나님이시다. 그러므로 하나님이 우리의 주인이다.

3일 복의 근원으로
창세기 12:1-3

여호와께서 아브람에게 이르시되 너는 너의 고향과 친척과 아버지의 집을 떠나 내가 네게 보여 줄 땅으로 가라. 내가 너로 큰 민족을 이루고 네게 복을 주어 네 이름을 창대하게 하리니 너는 복이 될지라. 너를 축복하는 자에게는 내가 복을 내리고 너를 저주하는 자에게는 내가 저주하리니 땅의 모든 족속이 너로 말미암아 복을 얻을 것이라 하신지라.

■ **말씀 묵상**

● 하나님은 어떤 분이신가?
● 하나님은 우리를 복의 근원으로 삼으시기를 원하신다.

4일 아론의 축복
민수기 6:22-27

여호와께서 모세에게 말씀하여 이르시되 아론과 그의 아들들에게 말하여 이르기를 너희는 이스라엘 자손을 위하여 이렇게 축복하여 이르되 여호와는 네게 복을 주시고 너를 지키시기를 원하며 여호와는 그의 얼굴을 네게 비추사 은혜 베푸시기를 원하며 여호와는 그 얼굴을 네게로 향하여 드사 평강 주시기를 원하노라 할지니라. 하라 그들은 이같이 내 이름으로 이스라엘 자손에게 축복할지니 내가 그들에게 복을 주리라.

■ **말씀 묵상**

● 하나님은 어떤 분이신가?
● 하나님은 복 주시는 분이시다.

 5일 최고의 계명
신명기 6:4-9

이스라엘아 들으라. 우리 하나님 여호와는 오직 유일한 여호와이시니 너는 마음을 다하고 뜻을 다하고 힘을 다하여 네 하나님 여호와를 사랑하라. 오늘 내가 네게 명하는 이 말씀을 너는 마음에 새기고 네 자녀에게 부지런히 가르치며 집에 앉았을 때에든지 길을 갈 때에든지 누워 있을 때에든지 일어날 때에든지 이 말씀을 강론할 것이며 너는 또 그것을 네 손목에 매어 기호를 삼으며 네 미간에 붙여 표로 삼고 또 네 집 문설주와 바깥문에 기록할지니라.

■ 말씀 묵상

- 부모는 자녀에게 무엇을 가르쳐야 하는가?
- 자녀에게 하나님의 계명을 가르치는 것은 부모의 의무이다.

6일 나가도 복을 받고 들어와도 복을 받고
신명기 28:1-6

네가 네 하나님 여호와의 말씀을 삼가 듣고 내가 오늘 네게 명령하는 그의 모든 명령을 지켜 행하면 네 하나님 여호와께서 너를 세계 모든 민족 위에 뛰어나게 하실 것이라. 네가 네 하나님 여호와의 말씀을 청종하면 이 모든 복이 네게 임하며 네게 이르리니 성읍에서도 복을 받고 들에서도 복을 받을 것이며 네 몸의 자녀와 네 토지의 소산과 네 짐승의 새끼와 소와 양의 새끼가 복을 받을 것이며 네 광주리와 떡 반죽 그릇이 복을 받을 것이며 네가 들어와도 복을

받고 나가도 복을 받을 것이니라

■ **말씀 묵상**

● 하나님은 어떤 분이신가?
● 우리가 하나님의 명령에 순종하기만 하면 복된 사람으로 보장하여 주신다.

 **7일** 용기 있는 믿음을 위하여
여호수아 1:6-9

강하고 담대하라. 너는 내가 그들의 조상에게 맹세하여 그들에게 주리라 한 땅을 이 백성에게 차지하게 하리라 오직 강하고 극히 담대하여 나의 종 모세가 네게 명령한 그 율법을 다 지켜 행하고 우로나 좌로나 치우치지 말라 그리하면 어디로 가든지 형통하리니 이 율법책을 네 입에서 떠나지 말게 하며 주야로 그것을 묵상하여 그 안에 기록된 대로 다 지켜 행하라. 그리하면 네 길이 평탄하게 될 것이며 네가 형통하리라 내가 네게 명령한 것이 아니냐 강하고 담대하라 두려워하지 말며 놀라지 말라 네가 어디로 가든지 네 하나님 여호와가 너와 함께 하느니라 하시니라.

■ **말씀 묵상**

● 하나님은 어떤 분이신가?
● 우리가 담대하고 용기를 가지도록 인도해 주시는 분이시다.

 **8일 기도로 얻은 아들**
사무엘상 1:1-2

에브라임 산지 라마다임소빔에 에브라임 사람 엘가나라 하는 사람이 있었으니 그는 여로함의 아들이요 엘리후의 손자요 도후의 증손이요 숩의 현손이더라. 그에게 두 아내가 있었으니 한 사람의 이름은 한나요 한 사람의 이름은 브닌나라 브닌나에게는 자식이 있고 한나에게는 자식이 없었더라.

■ **말씀 묵상**

● 하나님께 기도하면 어떤 은혜를 주시는가?
● 기도하는 어머니가 되면 기도하는 아들을 선물로 받게하신다.

9일 저희 집안이 영원토록 복을 받게 하옵소서
사무엘하 7:25-29

여호와 하나님이여 이제 주의 종과 종의 집에 대하여 말씀하신 것을 영원히 세우셨사오며 말씀하신 대로 행하사 사람이 영원히 주의 이름을 크게 높여 이르기를 만군의 여호와는 이스라엘의 하나님이라 하게 하옵시며 주의 종 다윗의 집이 주 앞에 견고하게 하옵소서. 만군의 여호와 이스라엘의 하나님이여 주의 종의 귀를 여시고 이르시기를 내가 너를 위하여 집을 세우리라 하셨으므로 주의 종이 이 기도로 주께 간구할 마음이 생겼나이다. 주 여호와여 오직 주는 하나님이시며 주의 말씀들이 참되시니이다. 주께서 이 좋은 것을 주의 종에게 말씀하셨사오니 이제 청하건대 종의 집에 복을 주사 주 앞에 영원히 있게 하옵소서. 주 여호와께서 말씀하셨사오니 주의 종의 집이 영원히 복을 받게 하옵소서 하니라.

■ 말씀 묵상

- 하나님은 어떤 분이신가?
- 우리가 주의 은혜로 영원히 복을 받게 하신다.

10일 지혜를 구할 때
열왕기상 3:3-9

솔로몬이 여호와를 사랑하고 그의 아버지 다윗의 법도를 행하였으나 산당에서 제사하며 분향하더라. 이에 왕이 제사하러 기브온으로 가니 거기는 산당이 큼이라 솔로몬이 그 제단에 일천 번제를 드렸더니 기브온에서 밤에 여호와께서 솔로몬의 꿈에 나타나시니라. 하나님이 이르시되 내가 네게 무엇을 줄꼬 너는 구하라 솔로몬이 이르되 주의 종 내 아버지 다윗이 성실과 공의와 정직한 마음으로 주와 함께 주 앞에서 행하므로 주께서 그에게 큰 은혜를 베푸셨고 주께서 또 그를 위하여 이 큰 은혜를 항상 주사 오늘과 같이 그의 자리에 앉을 아들을 그에게 주셨나이다. 나의 하나님 여호와여 주께서 종으로 종의 아버지 다윗을 대신하여 왕이 되게 하셨사오나 종은 작은 아이라. 출입할 줄을 알지 못하고 왕께서 택하신 백성 가운데 있나이다 그들은 큰 백성이라 수효가 많아서 셀 수도 없고 기록할 수도 없사오니 누가 주의 이 많은 백성을 재판할 수 있사오리이까 듣는 마음을 종에게 주사 주의 백성을 재판하여 선악을 분별하게 하옵소서.

■ **말씀 묵상**

● 하나님은 기도하는 자에게 어떤 선물을 주시는가?
● 솔로몬처럼 지혜를 주신다. 하나님이 솔로몬에게 관심을 주심은 일 천 번제이며, 부귀영화를 구하지 아니하고 지혜를 구했기 때문이다.

 11일 히스기야가 형통한 이유

역대하 31:20-21

히스기야가 온 유다에 이같이 행하되 그의 하나님 여호와 보시기에 선과 정의와 진실함으로 행하였으니 그가 행하는 모든 일 곧 하나님의 전에 수종드는 일에나 율법에나 계명에나 그의 하나님을 찾고 한 마음으로 행하여 형통하였더라.

■ **말씀 묵상**

● 여호와 하나님을 구하면 어떤 은혜를 주시는가?
● 형통한 복을 주시기 때문에 언제나 마음과 뜻을 다해 하나님을 경외해야 한다.

12일 행복한 사람
시편 1:1-3

복 있는 사람은 악인들의 꾀를 따르지 아니하며 죄인들의 길에 서지 아니하며 오만한 자들의 자리에 앉지 아니하고 오직 여호와의 율법을 즐거워하여 그의 율법을 주야로 묵상하는도다. 그는 시냇가에 심은 나무가 철을 따라 열매를 맺으며 그 잎사귀가 마르지 아니함 같으니 그가 하는 모든 일이 다 형통하리로다.

■ **말씀 묵상**

- 행복한 사람은 어떤 사람인가?
- 복 있는 사람은 언제나 하나님의 말씀을 따라 사는 사람이다.

13일 행복한 가정
시편 121:1-8

내가 산을 향하여 눈을 들리라 나의 도움이 어디서 올까 나의 도움은 천지를 지으신 여호와에게서로다. 여호와께서 너를 실족하지 아니하게 하시며 너를 지키시는 이가 졸지 아니하시리로다. 이스라엘을 지키시는 이는 졸지도 아니하시고 주무시지도 아니하시리로다. 여호와는 너를 지키시는 이시라. 여호와께서 네 오른쪽에서 네 그늘이 되시나니 낮의 해가 너를 상하게 하지 아니하며 밤의 달도 너를 해치지 아니하리로다. 여호와께서 너를 지켜 모든 환난을 면하게 하시며 또 네 영혼을 지키시리로다. 여호와께서 너의 출입을 지금부터 영원까지 지키시리로다.

■ **말씀 묵상**

● 하나님은 우리가 어떤 생활을 원하시는가?
● 행복한 가정을 만들고 날마다 찬양과 순종하는 생활을 원하신다.

14일   여호와를 의지하는 가문
시편 115:10-18

아론의 집이여 여호와를 의지하라 그는 너희의 도움이시요 너희의 방패시로다. 여호와를 경외하는 자들아 너희는 여호와를 의지하여라. 그는 너희의 도움이시요 너희의 방패시로다. 여호와께서 우리를 생각하사 복을 주시되 이스라엘 집에도 복을 주시고 아론의 집에도 복을 주시며 높은 사람이나 낮은 사람을 막론하고 여호와를 경외하는 자들에게 복을 주시리로다. 여호와께서 너희를 곧 너희와 너희의 자손을 더욱 번창하게 하시기를 원하노라 너희는 천지를 지으신 여호와께 복을 받는 자로다. 하늘은 여호와의 하늘이라도 땅은 사람에게 주셨도다. 죽은 자들은 여호와를 찬양하지 못하나니 적막한 데로 내려가는 자들은 아무노 찬양하지 못하리로다 . 우리는 이제부터 영원까지 여호와를 송축하리로다. 할렐루야

■ **말씀 묵상**

● 하나님은 의지하면 어떻게 되는가?
● 여호와를 의지하면 당신의 가문이 하나님의 복을 받을 것이다.

 15일 주의 말씀을 따르는 자 되게 하소서

시편 119:9-15

청년이 무엇으로 그의 행실을 깨끗하게 하리이까 주의 말씀만 지킬 따름이니이다 . 내가 전심으로 주를 찾았사오니 주의 계명에서 떠나지 말게 하소서. 내가 주께 범죄하지 아니하려 하여 주의 말씀을 내 마

음에 두었나이다. 찬송을 받으실 주 여호와여 주의 율례들을 내게 가르치소서. 주의 입의 모든 규례들을 나의 입술로 선포하였으며 내가 모든 재물을 즐거워함 같이 주의 증거들의 도를 즐거워하였나이다. 내가 주의 법도들을 작은 소리로 읊조리며 주의 길들에 주의하며

■ **말씀 묵상**

● 하나님은 말씀을 사모하는 자에게 어떤 은혜를 주시는가?
● 하나님의 말씀을 사랑하는 사람은 일평생 깨끗한 인생을 살면서 죄와 어두움을 떠나서 지혜를 얻으며 살게 하신다.

16일 하나님이 함께 하시는 인생
시편 127:1-5

여호와께서 집을 세우지 아니하시면 세우는 자의 수고가 헛되며 여호와께서 성을 지키지 아니하시면 파수꾼의 깨어 있음이 헛 되도다. 너희가 일찍이 일어나고 늦게 누우며 수고의 떡을 먹음이 헛되도다. 그러므로 여호와께서 그의 사랑하시는 자에게는 잠을

주시는도다. 보라 자식들은 여호와의 기업이요 태의 열매는 그의 상급이로다 젊은 자의 자식은 장사의 수중의 화살 같으니 이것이 그의 화살통에 가득한 자는 복되도다. 그들이 성문에서 그들의 원수와 담판할 때에 수치를 당하지 아니하리로다.

■ **말씀 묵상**

● 하나님과 함께하는 사람은 어떤 열매를 맺으며 사는가?
● 하나님과 동행하면서 살면 헛수고 하는 생활이 아니라 열매 있는 생활을 만들어 주신다.

17일 아름다운 가정의 풍경
시편 128: 1-6

여호와를 경외하며 그의 길을 걷는 자마다 복이 있도다. 네가 네 손이 수고한 대로 먹을 것이라 네가 복되고 형통하리로다. 네 집 안방에 있는 네 아내는 결실한 포도나무 같으며 네 식탁에 둘러앉은 자식들은 어린 감람나무 같으리로다. 여호와를 경외하는 자는 이같이 복을 얻으리로다. 여호와께서 시온에서 네게 복을 주실지어다. 너는 평생에 예루살렘의 번

영을 보며 네 자식의 자식을 볼지어다. 이스라엘에게 평강이 있을지로다.

■ 말씀 묵상

- 여호와를 경외하는 가정을 어떻게 축복하시는가?
- 풍요로운 물질과 아름답고 건강한 아내와 사랑하는 자녀들과 그리고 하나님이 함께 둘러 앉은 교제하는 가정이 되게 하신다.

18일 내 아들에게
잠언 3:1-10

내 아들아 나의 법을 잊어버리지 말고 네 마음으로 나의 명령을 지키라 그리하면 그것이 네가 장수하여 많은 해를 누리게 하며 평강을 더하게 하리라 인자와 진리가 네게서 떠나지 말게 하고 그것을 네 목에 매며 네 마음판에 새기라 그리하면 네가 하나님과 사람 앞에서 은총과 귀중히 여김을 받으리라 너는 마음을 다하여 여호와를 신뢰하고 네 명철을 의지하지 말라 너는 범사에 그를 인정하라 그리하면 네 길을 지도하시리라 스스로 지혜롭게 여기지 말지어다. 여호와를 경외하며 악을 떠날지어다. 이것이 네 몸에 양약이 되어 네 골수를 윤택하게 하리라 네 재물과 네 소산물의 처음 익은 열매로 여호와를 공경하라 그리하면 네 창고가 가득히 차고 네 포도즙 틀에 새 포도즙이 넘치리라

■ **말씀 묵상**

● 하나님은 사랑하는 자녀에게 어떤 은혜를 주시는 분이신가?
● 사랑하는 아들에게 풍성한 삶을 살게 하신다.

아들아 들으라
잠언 9:9-12

지혜 있는 자에게 교훈을 더하라 그가 더욱 지혜로워질 것이요 의로운 사람을 가르치라 그의 학식이 더하리라 여호와를 경외하는 것이 지혜의 근본이요 거룩하신 자를 아는 것이 명철이니라 나 지혜로 말미암아 네 날이 많아질 것이요 네 생명의 해가 네게 더하리라 네가 만일 지혜로우면 그 지혜가 네게 유익할 것이나 네가 만일 거만하면 너 홀로 해를 당하리라

■ 말씀 묵상

● 하나님은 어떤 분이신가?
● 사랑하는 아들에게 인생의 우선순위를 가르쳐 주시는 분이시다.

 20일 오! 르무엘아

잠언 31:4-9

르무엘아 포도주를 마시는 것이 왕들에게 마땅하지 아니하고 왕들에게 마땅하지 아니하며 독주를 찾는 것이 주권자들에게 마땅하지 않도다. 술을 마시다가 법을 잊어버리고 모든 곤고한 자들의 송사를 굽게 할까 두려우니라. 독주는 죽게 된 자에게, 포도주는 마음에 근심하는 자에게 줄지어다. 그는 마시고 자기의 빈궁한 것을 잊어버리겠고 다시 자기의 고통을 기억하지 아니하리라 너는 말 못하는 자와 모든 고독한 자의 송사를 위하여 입을 열지니라. 너는 입을 열어 공의로 재판하여 곤고한 자와 궁핍한 자를 신원할지니라.

■ 말씀 묵상

● 하나님은 어떤 분이신가?

- 자녀를 올 곧게 키우기 위해서는 부모가 먼저 경건함을 주신다.

 **21일 즐거운 인생을 가르치라**
전도서 11:7-10

빛은 실로 아름다운 것이라 눈으로 해를 보는 것이 즐거운 일이로다 사람이 여러 해를 살면 항상 즐거워할지로다. 그러나 캄캄한 날들이 많으리니 그 날들을 생각할지로다 다가올 일은 다 헛되도다. 청년이여 네 어린 때를 즐거워하며 네 청년의 날들을 마음에 기뻐하여 마음에 원하는 길들과 네 눈이 보는 대로 행하라 그러나 하나님이 이 모든 일로 말미암아 너를 심판하실 줄 알라 그런즉 근심이 네 마음에서 떠나게 하며 악이 네 몸에서 물러가게 하라 어릴 때와 검은 머리의 시절이 다 헛되니라.

■ **말씀 묵상**

- 하나님은 어떤 분이신가?
- 여유 있는 성품과 긍정적인 성품을 주시는 분이시다.

22일 봄의 교향곡
아가 2:10-14

나의 사랑하는 자가 내게 말하여 이르기를 나의 사랑, 내 어여쁜 자야 일어나서 함께 가자 겨울도 지나고 비도 그쳤고 지면에는 꽃이 피고 새가 노래할 때가 이르렀는데 비둘기의 소리가 우리 땅에 들리는구나. 무화과나무에는 푸른 열매가 익었고 포도나무는 꽃을 피워 향기를 토하는구나. 나의 사랑, 나의 어여쁜 자야 일어나서 함께 가자 바위 틈 낭떠러지 은밀한 곳에 있는 나의 비둘기야 내가 네 얼굴을 보게 하라 네 소리를 듣게 하라 네 소리는 부드럽고 네 얼굴은 아름답구나.

■ 말씀 묵상

- 하나님을 사랑하는 사람은 어떻게 자녀에게 교육을 가르쳐야 하는가?
- 사랑으로 교육하게 하신다.

 아들아 두려워하지 말라
이사야 41:10

두려워하지 말라. 내가 너와 함께 함이라 놀라지 말라. 나는 네 하나님이 됨이라 내가 너를 굳세게 하리라. 참으로 너를 도와주리라. 참으로 나의 의로운 오른손으로 너를 붙들리라.

■ 말씀 묵상

- 하나님은 어떤 분이신가?
- 두려워하지 않고 지혜 있게 적극적인 인생을 살게 힌다.

 24일 물가에 심기운 나무처럼

예레미야 17:7-8

그러나 무릇 여호와를 의지하며 여호와를 의뢰하는 그 사람은 복을 받을 것이라. 그는 물가에 심어진 나무가 그 뿌리를 강변에 뻗치고 더위가 올지라도 두려워하지 아니하며 그 잎이 청청하며 가무는 해에도 걱정이 없고 결실이 그치지 아니함 같으리라.

■ 말씀 묵상

- 하나님은 어떤 분이신가?
- 물가에 심기운 나무처럼 언제나 청청하게 하신다.

 **하루에 세 번씩**

다니엘 6:10

다니엘이 이 조서에 왕의 도장이 찍힌 것을 알고도 자기 집에 돌아가서는 윗방에 올라가 예루살렘으로 향한 창문을 열고 전에 하던 대로 하루 세 번씩 무릎을 꿇고 기도하며 그의 하나님께 감사하였더라.

■ **말씀 묵상**

- 하나님께 기도하는 사람은?
- 다니엘의 신앙을 이룰 수 있게 하신다.

 이른 비와 늦은 비

요엘 2:23-24

시온의 자녀들아 너희는 너희 하나님 여호와로 말미암아 기뻐하며 즐거워할지어다. 그가 너희를 위하여 비를 내리시되 이른 비를 너희에게 적당하게 주시리니 이른 비와 늦은 비가 예전과 같을 것이라. 마당에는 밀이 가득하고 독에는 새 포도주와 기름이 넘치리로다.

■ **말씀 묵상**

● 하나님은 어떤 분이신가?
● 때를 따라 돕는 은혜를 주신다.

 27일 하나님의 것

말라기 3:10-12

만군의 여호와가 이르노라. 너희의 온전한 십일조를 창고에 들여 나의 집에 양식이 있게 하고 그것으로 나를 시험하여 내가 하늘 문을 열고 너희에게 복을 쌓을 곳이 없도록 붓지 아니하나 보라. 만군의 여호와가 이르노라 내가 너희를 위하여 메뚜기를 금하여 너희 토지 소산을 먹어 없애지 못하게 하며 너희 밭의 포도나무 열매가 기한 전에 떨어지지 않게 하리니 너희 땅이 아름다워지므로 모든 이방인들이 너희를 복되다 하리라 만군의 여호와의 말이니라.

■ **말씀 묵상**

● 하나님께 드려야 할 것은 무엇인가?
● 하나님의 것과 나의 구별할 줄 아는 것은 아주 중요한 인생의 법칙이다.

 ### 28일 아기가 자람에 따라
누가복음 2:40 / 누가복음 2:52

아기가 자라며 강하여지고 지혜가 충만하며 하나님의 은혜가 그의 위에 있더라.
예수는 지혜와 키가 자라가며 하나님과 사람에게 더욱 사랑스러워 가시더라.

■ **말씀 묵상**

- 하나님은 어떤 분이신가?
- 아이가 키라 자라고, 지혜도 자라고, 모든 이에게 사랑을 받으시게 하신다.

 ### 29일 오병이어의 소년처럼
요한복음 6:9-13

여기 한 아이가 있어 보리떡 다섯 개와 물고기 두 마리를 가지고 있나이다. 그러나 그것이 이 많은 사람에게 얼마나 되겠사옵나이까 예수께서 이르시되 이 사람들로 앉게 하라 하시니 그 곳에 잔디가 많은지라. 사람들이 앉으니 수가 오천 명쯤 되더라 예수께서 떡을 가져 축사하신 후에 앉아 있는 자들에게 나

뉘 주시고 물고기도 그렇게 그들의 원대로 주시니라 그들이 배부른 후에 예수께서 제자들에게 이르시되 남은 조각을 거두고 버리는 것이 없게 하라 하시므로 이에 거두니 보리떡 다섯 개로 먹고 남은 조각이 열두 바구니에 찼더라.

■ **말씀 묵상**

● 하나님은 어떤 분이신가?
● 오병이어 소년처럼 축복해 주신다.

30일 성령의 열매
갈라디아서 5:22-26

오직 성령의 열매는 사랑과 희락과 화평과 오래 참음과 자비와 양선과 충성과 온유와 절제니 이 같은 것을 금지할 법이 없느니라. 그리스도 예수의 사람들은 육체와 함께 그 정욕과 탐심을 십자가에 못 박았느니라 만일 우리가 성령으로 살면 또한 성령으로 행할지니 헛된 영광을 구하여 서로 노엽게 하거나 서로 투기하지 말지니라.

■ **말씀 묵상**

● 하나님은 성령을 사모하는 자에게 무엇을 주시는가?
● 자녀의 성품이 성령의 아홉 가지 열매를 소유하게 하신다

 **31일** 3대 축복

요한 3서 1:2

사랑하는 자여 네 영혼이 잘됨 같이 네가 범사에 잘되고 강건하기를 내가 간구하노라.

■ **말씀 묵상**

● 하나님은 어떤 분이신가?
● 우리의 성령과 범사에 잘됨과 몸이 강건하도록 최고의 선물을 받게 하신다.

3. 출산 후에 자녀를 위한 기도

사랑의 하나님!
280 동안을 지켜 주시고 은혜 가운데 태교를 하다가 이렇게 순산하게 하여 주시니 감사를 드립니다. 지난 시간 태교를 통해서 은혜를 주셔서 귀한 자녀를 선물로 빚았사오니 축복하여 주시고 일생을 인도하여 주옵소서. 바라기는 아이가 자라면서 영육간에 강건하게 하여 주옵소서.
온갖 질병으로부터 지켜 주옵소서. 수술하거나 다치거나 상하는 일이 없게 하시고, 입원하는 일이 없게 해 주시옵소서. 또한 안전하게 성장하게 하여 주옵소서. 각종 물로부터 지켜 주옵소서. 각종 불로 인한 모든 재앙으로부터 지켜 주옵소서. 인간에서 예상되는 교통사고나 악하고 불의한 자들로부터 일평생 지켜 주시고 비방이나 비난이나 따돌림이나 성폭력으로부터 지켜 주옵소서.
생활 및 학업의 복을 주셔서 자라면서 공부하는 데 있어 지혜와 지식과 재능과 총명과 명철과 은총을 받게 하여 주옵소서.
공부하는 데 경제적인 어려움이 없게 하시고, 사춘

기를 무난하게 통과하게 하여 주셔서 반항하거나 불순종하지 않고 무난히 넘어가게 하시고 훌륭한 스승과 좋은 친구들을 만나며 대인관계를 맺게 하시고, 인권, 물권, 영권 지도력을 주시어 하나님께 영광 돌려드리게 하여 주옵소서.

형통의 복을 주셔서 하는 모든 일이 주님의 축복 가운데 순조롭게 열리게 하시고, 잘되고 형통하게 하옵소서. 어디를 가든지 항상 좋은 사람을 만나게 하시고 돕는 사람이 되게 하여 주옵소서. 직장이나 사업을 축복하셔서 모든 일이 형통하며 재능을 주셔서 직장 및 사업장에서 뛰어나게 하시고 동역자들을 잘 만나게 하옵소서.

일생을 하나님과 동행하며 오직 믿음 안에서 큰 영광 돌리게 하여 주옵소서.

예수님의 이름으로 기도합니다. 아멘

참고 문헌

국내 서적

궁미경, 「첫 임신 출산 육아」, (서울: 문화사), 2006
김경수, 최향자, 「태아를 위한 기도」, (서울: 도서출판 진흥), 2007
_____, 「행복한 태교」, (서울: 도서출판 진흥), 2009
_____, 「자녀를 기도로 디자인하라」, (서울: 누가출판사), 2009
삼성출판사 편집부, 「임신 출산 육아 대백과」, (서울: 삼성출판사), 2006
박도훈, 「목사님 저희 임신했어요」, (서울: 예루살렘 출판사), 2002
빅문일, 「태교는 과학이다」, (서울: 한양대학교 출판부), 2000
박순경, 「임신에서 출산까지 태교 ABC」, (서울: 시간과 공간사), 2002
신매희, 「사랑의 목소리 태교 이야기」, (서울: 한양대학교 출판부), 2002
웅진 리빙하우스 편집부, 「소문난 임신 출산 책」, (서울: 웅진 리빙 하우스), 2007
주정일, 「태교 출산의 지혜」, (서울: 샘터 유아 교육신서), 1993
황성옥, 「뱃속 아기와 나누는 사랑의 대화」, (서울: 한 울림), 2002
황태영, 「임신과 출산 280일」, (서울: 동연 출판사), 1997
황성옥, 「뱃속아기와 나누는 사랑의 대화」, (서울: 한울림), 2002

해외 서적

루스 그래함 외, 「엄마 나 임신했어요」, 주지현 역, (서울: 예수 전도단), 2006
사찌다 마꼬도, 「태아 때부터 육아」, 손우수 역, (서울: 민지사), 1990
캐시 히클링, 「주님 아기를 가졌어요」, 송경숙 역, (서울: 두란노 출판사), 1996
K. K. 판타지, 「야무진 임신출산 10개월」, 김경인 역, (서울: 프리미엄 북스), 2007